部落差別解消への展望

神原文子
Kambara Fumiko

人権意識調査結果から
人権啓発の課題がみえた

解放出版社

装丁
●
森本良成

はじめに

　これまで20年近い間、私は、差別、貧困、生きづらさといった社会問題にとりくむ一社会学者であり、専門社会調査士資格を有し、大学で社会調査法の講義や実習を担当してきた、いわゆる"学識経験者"として、複数の自治体における人権意識調査にかかわらせていただいてきました。

　本書では、多くの自治体が実施してきた人権意識調査において、これまで何が明らかにされてきたのか、何が明らかにされておらず、何を明らかにする必要があるのかという問題意識のもと、有効な質問項目の選定、有効な分析手法、そして、それらの質問項目と分析手法を用いることで検証できた知見を紹介します。

　とりわけ、市民一人ひとりの差別意識と人権意識に焦点をあて、①差別意識の程度と人権意識の程度を測る尺度を構成し、それらの尺度を用いて、②差別意識と人権意識に影響する諸要因を確認し、あわせて、③これまでの人権学習や人権啓発の効果を検討し、そのうえで、④今後の人権施策の課題を提起します。

　第Ⅰ章、第Ⅱ章では、やや古いのですが、2010年までに実施された人権意識調査の分析結果を紹介します。なぜ2010年なのかといいますと、先行の人権意識調査の分析結果をふまえて、私がかかわらせていただいた「豊中市人権についての市民意識調査」（2007）（以下、「豊中市2007年調査」と略す。以下の調査も同様に略す）、「第5回高槻市人権意識調査」（2009）（高槻市2009年調査）、「明石市人権に関するアンケート調査」（2010）（明石市2010年調査）、そして、大阪府と大阪市とが共同で実施した「大阪府人権問題に関する府民意識調査」（2010）（大阪府2010年調査）、「大阪市人権問題に関する市民意識調査」（2010）（大阪市2010年調査）が、私にとって人権意識調査の分析におけるひとつの到達点となったからです。そこにいたるまでにも、生駒市（2004）や茨木市（2006）の人権意識調査の分析に

かかわらせていただいたことが、私にとって大きな学びとなりました。ただ、この時点で1冊にまとめて出版するといった考えは浮かびませんでした。人権意識調査の分析がまだまだ不十分であるという認識が強かったのです。それゆえ、その後にかかわらせていただいた泉南市（2012）、三木市（2016）、豊岡市（2016）、三田市（2020）、そして、大阪市（2015）と大阪市（2020）などの人権意識調査の分析は、私にとって、2010年までの人権意識調査における分析手法をバージョンアップしたり、尺度の質を向上させたり、知見の追証をしたり、さらに未検証の仮説を検証したりする機会となりました。そして、10年以上の時をへて、ようやく、部落差別の解消にむけて人権意識調査の分析結果にもとづく人権施策の課題を1冊にまとめて世に問いたいとの思いが強くなりました。

第Ⅲ章では、長年、取り組んできた人権意識尺度、および差別意識尺度を紹介しています。何よりも、大阪市における2010年、2015年、2020年の「人権問題に関する市民意識調査」（「大阪市2010年調査」「大阪市2015年調査」「大阪市2020年調査」）にかかわらせていただくことができたことによって、ようやく納得のいく尺度ができました。なお、尺度の構成には因子分析という専門的な分析手法を用いており、一般の方々にとっては理解しづらいと思いますが、あくまでも分析の"手の内"をお示しするために解説を掲載しています。もし分析結果に納得いただけるようでしたら、因子分析の解説部分は飛ばして読んでいただいて差し支えないと思っています。構成した尺度を、今後の人権意識調査に使っていただきたいということが何よりの願いです。

第Ⅳ章では、部落差別に焦点をあてて、部落差別意識としての排除意識や忌避意識と関連する諸要因について検討しています。

第Ⅴ章では、部落差別意識を身につける過程を「部落差別の社会化」ととらえ、部落差別の社会化の違いによる、その後の同和問題学習の効果の違いについて検討しています。

第Ⅵ章では、反部落差別意識に影響する諸要因をトータルに分析し、いずれの要因が反部落差別意識と強く関連するかについて検討しています。

ここでは、SPSS の Amos という統計ソフトを用いてパス解析しているの
ですが、分析結果に注目していただきたく、分析のプロセスについては、
ここでも読者の方々に"手の内"をお示しするために掲載しています。

　第Ⅶ章では、さまざまな人権意識と多元的な人権課題に関する意識につ
いて尺度づくりを試みたうえで、それらが相互にどのような関連にあるか
を検討し、今後の人権啓発や人権学習のあり方に問題提起を行っています。

　そして、第Ⅷ章のむすびでは、本題である部落差別解消にむけた人権学
習や人権啓発、さらに、コミュニティづくりなどの課題について提起して
います。

　なお、本書において紹介する内容は、すでに公表されている人権意識調
査報告書のなかで私が執筆している箇所からの引用および修正と、その後
の人権啓発事業の一環として、再分析の許可を得て実施した分析結果であ
ることをお断りしておきます。また、大阪市が 2020 年に実施した「人権
問題に関する市民意識調査」については、すでに大阪市の HP に調査票も
個票データも公開されており、だれでもが分析できるようになっているこ
とを付け加えておきます。

　これまでに私がかかわらせていただいた人権意識調査報告書については、
巻末に一括して掲載しています。

　本書の分析では、2 変数の関連をとらえるために、カイ 2 乗（χ 2）検
定や F 検定といった統計的な有意差検定を行っています。
　「統計的有意差あり」の表記を以下のとおりとします。
　統計的有意水準を p 値と表します。2 変数間に関連があると仮説を立て
た場合に、p 値が .05 よりも小さければ、統計的有意差があり、2 変数間
に関連があると解釈することができます。わかりやすくいえば、関連があ
るという解釈が間違っている確率が、5% 以下であることを意味していま
す。関連の強さについて、以下のように表記します。単に、＊印のみを付
している集計表もありますが、ご了承ください。
　p ＜ .001 ***　.001 ≦ p ＜ .01 **　.01 ≦ p ＜ .05 *　.05 ≦ p －

〈人権意識尺度を構成するための分析手法——因子分析とは〉

　本書のデータ分析は、すべて SPSS という統計ソフトを用いています。

　本書では、人権意識に関する尺度を構成するにあたって、多変量解析の一種である因子分析という手法を用いています。多変量解析とは、「何らかの対象を特徴づける変数が 2 つ以上ある場合、それら変数間の関連性を分析する統計的手法の総称」です（内藤・秋川 2007）。

　ここからは、因子分析という分析手法の解説です。読み飛ばしていただいても大丈夫です。

　因子分析とは、「さまざまな事象間の相互関連の強さを分析し、それらの事象の背後に潜む共通の因子（要因）をさぐる統計的手法」であると解説されています（柳井・岩坪 1976）。複数の質問項目の背後に潜む共通因子を見つけ出し、それぞれの共通因子との関連性の高低によって複数の変数を分解する方法とも言い換えることができます。

　人権意識尺度を作成する具体的な手法として、まず、人権意識にかかわる質問群に含まれる複数の項目（指標）を人権意識を測るための変数とみなして、それら変数について因子分析を行います。

①　因子分析を行うに先立って、個々の項目への無回答は分析から省きます。また、当初の各変数の選択肢について、たとえば、「そう思う」と答える場合は「そう思わない」と答える場合よりも人権意識が高いと判断される変数では、「そう思う」4 点、「どちらかといえばそう思う」3 点、「どちらかといえばそう思わない」2 点、「そう思わない」1 点と点数化して順序変数とします。なお、「そう思う」と回答するほうが「そう思わない」と回答するよりも人権意識が低いと判断される変数には、便宜的に、（逆）の文字を付すことにしています。

　選択肢は 4 択、または 5 択が採用されることが多いです。

②　因子分析の手法は複数ありますが、本書では、オーソドックスな主因子法とバリマックス回転、または最尤法（さいゆうほう）とプロマックス回転の手法を用いています。

③　複数の変数（質問項目への回答）について因子分析を行い、有効性の

判断基準として、因子分析における共通性が 1.000 以上であること、いずれかの因子に対して因子負荷量 0.400 以上を示していること、しかも、単一の因子にのみ高い因子負荷量を示している変数であること（一義性）を用います。そのため、全変数を用いて因子分析を行って、複数の因子に相対的に高い因子負荷量を示す変数、あるいは、いずれの因子にも低い因子負荷量しか示さない変数は、一義性を欠いているとの判断により因子分析から省いて、再度、因子分析を行うという手順を踏むことになります。因子分析の最終的な結果で残った変数は一義的であるととらえることができます。

④　因子分析の結果、析出された各因子に高い因子負荷量を示している変数群について、その背後に潜むと考えられる共通の意味を解釈して、因子の名前をつけます。

⑤　析出された因子に強く反応する変数を組み合わせて尺度を構成しますが、尺度を構成する前に、析出された因子ごとに、各因子に高い因子負荷量を示している変数群が一次元的な内的一貫性尺度として妥当かどうかを検討する必要があります。内的一貫性尺度とは、すべての変数が同じ特性を測定するという特徴をもった尺度を意味します。客観的にとらえる目安がクロンバックの信頼性係数です。これは、尺度を構成するために用いる項目が内的一貫性をもつかどうかを判定するために用いる値です。クロンバックの信頼性係数も、SPSS の統計ソフトによって求めることができます。経験的に、クロンバックの信頼性係数は 0.7 以上であることが望ましいとされています。なお、本書では、0.6 以上であれば、一応、"よし"ととらえています。また、0.6 以上に達していない因子も、ほかに代替の尺度がない場合は、尺度としての課題があることを押さえたうえで分析に用いている場合のあることをお断りしておきます。

⑥　本書では、各因子に高い因子負荷量を示している各変数の回答の平均値を尺度としています。

⑦　各尺度を用いて、対象者の人権意識得点を算出します。選択肢が 4 択の場合は、いずれも、1 点から 4 点に分布することになります。

目 次

I

人権意識調査における先行研究と問題意識

1　既存の市民人権意識調査にみられる課題

　毎年のように、多くの自治体において、市民を対象にした「人権意識調査」が実施されています。それらの調査の目的は、ほぼ共通して、市民の人権に関する意識を把握し、人権教育・啓発など、今後の人権に関する施策を推進するうえでの基礎資料とすることとうたわれています。およそ5年おきに調査が実施されている自治体も少なくありません。

　しかし、せっかくの調査データであるにもかかわらず、十分な分析がなされているとはいえない報告書があまりにも多いことは残念でなりません。私が本書をまとめたいと強く思うようになったのは、このような現状がこの先も続くことを危惧するからです。

　2011年度から2020年度の10年間に、国、地方自治体が実施した人権意識調査をWeb上で検索したところ、報告書がアップされていたのは、国2件、都府県24件、市町村98件でした。それらの報告書をもとに、人権意識調査における問題点を列挙します。

① 「人権施策を推進するための基礎資料とする」という調査のねらいのもとで、具体的にどのような問題意識で調査するのか、どんな仮説を検証するのかなど、人権意識調査における分析課題の焦点が明確にされないまま、調査票の作成、集計・分析が行われている調査を多く見かけます。分析課題が曖昧であれば、調査項目のねらいが絞れず、分析も機械的になりかねません（神原2008）。人権意識調査において、仮説を立て

て検証がされている報告書は一握りにすぎません。

② 多くの人権意識調査報告書を確認しましたが、さまざまな人権にかかわりがありそうな質問項目を用意し、それらの回答についての単純集計結果と、性別、年齢別などの基本的属性とのクロス集計の結果が示されて、それらの集計結果について解説がなされている報告書が大半です。しかも、"分析はそこまで"という報告書が少なくありません。このような集計結果をもとに、どのように人権施策に活かすことができるのかという点が理解できないのです。厳しいことをいえば、本気で人権施策に活かすために人権意識調査を実施しているようには見受けられないし、実際のところ、人権意識調査の結果を人権施策に反映しているようにもみえません。キツい言い方になりますが、人権意識調査を実施し、報告書をまとめることで完結しているかのような印象を拭えないのです。もちろん、調査を実施しないよりは実施したほうがよいには違いないですが、単純集計と、性別や年齢別といった基本的属性とのクロス集計結果だけで、果たして人権施策に活かすことができるのかといえば、はなはだ疑問です。せっかくのデータが活かされないのは、ほんとうにもったいないというほかありません。

③ クロス集計とは、名義尺度や順序尺度の2変数間の関連をみる分析手法です。2変数間の関連について仮説を立て、その仮説を検証するためにクロス集計をする場合、カイ2乗（$\chi 2$）検定などの統計的検定を行わないと、2変数間に関連があるかどうかは判断できないのです。性別や年齢別と、いずれかの項目とのクロス集計をする場合、クロス集計の意図は、性別や年齢別によって個々の項目の回答傾向が異なるかどうかを判断するためです。その際に統計的検定を行うことにより、個々の項目の回答傾向に性差があるといえるかどうか、年齢差があるといえるかどうかを判断することができるのです。

しかし、クロス集計において統計的検定が行われている分析をほとんどみつけることはできません。アンケート調査のデータ分析において、クロス集計をする際にカイ2乗検定などの統計的検定を同時に行うとい

うことは、社会調査法では“常識”です。データを見比べて、何％高い、何％低いと解釈しても、その差が統計的に有意な差であるのか、あるいは誤差の範囲なのかを判断することはできないのです。

　そこで、統計的検定がなぜ行われていないのか考えてみました。その大きな要因のひとつは、人権意識調査の実施にあたって、人権問題が専門で、なおかつ社会調査に精通した（たとえば、専門社会調査士資格をもっていて、量的調査に詳しい）専門家が加わっていないからではないかと推察されます。実は、人権問題が専門で、なおかつ社会調査に精通した専門家は限られています。そうであれば、人権意識調査の実施において、人権問題の専門家と社会調査の専門家との協力体制を組むことが期待されます。

　多くの自治体が人権意識調査を実施する場合、どこかの調査会社などに委託して、一連の調査実施の作業をゆだねることが少なくないかと思われます。しかし、社会調査の専門家がかかわっていないために、データ集計の依頼において、クロス集計と統計的検定をセットにした集計結果を出すようにという依頼がされていないのではないかと推察します。

④　「人権意識」とは、そもそもどのような意識を指すのでしょうか？「人権意識」自体を明確にしないまま、「人権意識」を測る質問項目が用意されている調査が少なくありません。「差別意識」についても同様です。また、「人権意識」をどのように測定するか、「差別意識」をどのように測定するかという点について検討された痕跡が示されている調査報告書もほとんどみられません。用意された質問項目が、果たして「人権意識」を測定しているといえるのか、果たして「差別意識」を測定しているといえるのかといった、尺度としての妥当性を検討しないままでは、得られた数値が何を意味しているのかについて解釈できないはずです。

⑤　④とも関連するのですが、人権意識調査の質問項目について、それぞれの必要性、あるいは有効性が十分に検討されてきたとはいえません。人権意識調査は、多くの場合、住民基本台帳から無作為（ランダム）に抽出された市民を対象に実施されるのですが、対象となった市民の方は、

まったく無償のボランティアとして協力することになるのです。

　調査する側はできるだけいろいろな質問を用意したいでしょうが、調査に協力してくださる方々の負担をできるだけ少なくする配慮をすることは、回収率を少しでも上げるためにもとても重要なことです。そのために、質問数をできるだけ絞る必要があります。

　調査票の質問数をできるだけ絞るためには、一方で、重要でない質問項目を削る作業をするとともに、他方で、これだけは絶対に外せないという質問項目を絞り込む作業をする必要があるのです。経験的に、調査票は、A4 で、最大 16 頁までが限度ではないかと考えます。できることなら 12 頁くらいで収まればよいと思っています。そして、できるだけ読みやすく、回答していただきやすい工夫をすることが必要です。

　あわせて、調査票を作成する際には、どのような分析を行うのか、たとえば、どの項目とどの項目とのクロス集計をするのかといった分析計画を事前に立てておくことも重要であることはいうまでもありません。

2　人権意識調査のねらい

　実際に、「人権施策を推進するための基礎資料」としてどのようなデータが必要なのか、列挙してみましょう。

2-1　市民の人権意識の実態をとらえた資料

　市の人権施策を進めるうえで、まず、市民の人権意識の実態をとらえる必要があります。市民の人権意識の実態をとらえるためのもっともオーソドックスな手法が市民を対象とした人権意識調査です。しかし、人権意識にかかわりがありそうな質問項目を用意して回答してもらって集計することで、市民の人権意識をとらえることができるという簡単なものではないことはいうまでもありません。

　何よりも、人権意識調査によって市民の人権意識の実態をとらえるためには、まず、「人権意識」を測ることのできる尺度（ものさし）が必要です。

しかし、実際のところ、人権意識を測るための尺度が現代社会において確立されているわけではありません。

　これまで、国においても、全国各地の自治体においても、数多くの人権意識調査が実施されてきましたが、それらのなかで、人権意識を測定するための尺度をつくって、しかもその尺度の妥当性や信頼性が検討された事例はごく一握りにすぎません。

　ほとんどの人権意識調査においては、住民の人権意識の実態をとらえることを目的として、さまざまな人権課題ごとに複数の質問項目が用意されて、4件法や5件法の選択肢への回答が求められています。一応、尺度としての体裁をなしてはいても、個々の質問項目が人権意識を測るうえでふさわしい尺度であるかどうか、また、人権意識のどのような特性を測定する尺度なのかといった点について明確にされているわけではないのです。多くの場合、それぞれの質問項目について尺度としての妥当性や信頼性が検討されないままに用いられてきたのが実態であるといえます。

　人権意識を測定するための信頼できる尺度が存在していなければ、人権意識を測定するための尺度を新たに作成しなければならないということになります。

　人権意識を測る尺度を作成するにあたって、「人権意識」を測るとは、そもそも何を測ることなのか、また、人権意識調査を実施するために作成した指標（質問項目）が、ねらいどおりに人権意識を測る尺度として妥当なのかどうかという検討が必要なのです。もちろん、人権意識を測る尺度は1つとは限りません。また、多元的な人権課題ごとに異なる尺度が必要となることも十分ありえます。

　市民の人権意識の実態をとらえるとは、人権意識を測るために、妥当性と信頼性が確認された尺度を用いて、市民の人権意識の傾向をとらえることを意味しているという点を押さえておきます。

2-2　基本的属性の違いによる人権意識の程度の有無を検討した資料

　次に、性別、年齢別、職種別、学歴別などの基本的属性と人権意識との

クロス集計と統計的検定を行って、関連をとらえることが必要です。

　基本的属性と人権意識とのクロス集計においては、せめて統計的検定を行って、性差、年齢差について統計的な有意差の有無を確認する作業が必要です。その結果によって当自治体の住民の人権意識に関する知見を示すことができます。

　付け加えるならば、性別や年齢別と人権意識を測る項目との関連を検討することの意図は、人権意識を測るいずれかの尺度を用いて性差や年齢差が認められたならば、その知見をもとに人権学習や人権啓発のターゲットを絞ることが可能となるからです。

2-3　人権意識の高い人びとの特徴、逆に人権意識の低い人びとの特徴をとらえた資料

　人権問題にかかわる学習経験や人権侵害の経験と、人権意識の高低との関連をとらえることができれば、人権施策に反映させることができます。さらにいえば、人権意識にせよ、差別意識にせよ、生育過程のなかでどのように習得されたのか、育ちのなかでどのような要因が人権意識の高さや差別意識の高さと関連したと考えられるのかといった点を検討できれば、人権学習の効果を高め、逆に差別意識の広がりを阻止することにつなげる手がかりになると期待されます。

2-4　さまざまな人権課題について、人権意識の高低にみられる関連性にかかわる資料

　従来、部落差別、障がい者差別、外国人差別、女性差別、子ども差別、高齢者差別など、多岐にわたる人権課題の相互の関連についてはほとんど検討されることはなく、それぞれの人権課題は、いわば縦割りの部局で施策が講じられてきました。しかし、実際のところ、個々の人権課題について網羅的に学習したり、啓発を行ったりすることは容易ではありません。逆に、いずれかの人権課題について学習すれば、ほかの人権課題についても意識が高まるといえるかどうかについても、そうともいいきれません。

　さまざまな人権課題のなかで、関連のある人権課題をグループにして学習や啓発をすることができるかどうか検討することも重要であるといえるでしょう。

2-5　さまざまな人権侵害を被っている市民の実態をとらえ、対応を検討するための資料

　多くの自治体では、人権侵害を被った市民が相談できる機関が設けられています。しかし、十分に周知されていなかったり、あるいは人権侵害を被った市民であってもほとんど利用されていなかったりといった自治体が少なくないようです。相談機関が、人権侵害を被った市民が安心して相談することができて、しかも問題解決につながるような支援ができるには、どのように改善すればよいのかという点は、喫緊の課題といえるでしょう。

　また、たとえば、被差別部落出身の女性が職場でハラスメントを被る場合、部落差別なのか、女性差別なのか、おそらく彼女は相談先に悩むことが予想されます。このような女性の例のように、複数の差別を被っている人びとが相談先に悩むことがないように、また、どこに相談しても複数の人権侵害に適切な対応がされるように、人権侵害の実態に即した相談体制が構築される必要があります。そのために、まず、人権侵害被害の実態把握が必要です。

　1点、補足です。人権侵害の被害経験を問う設問として、「過去5年以内に人権侵害を受けたことがありますか」といった、人権侵害を受けた期間を限定した質問をみかけるのですが、「5年以内」という限定をつけないことが重要です。「5年以内」と条件をつけると、たとえば学校生活で受けた人権侵害は、20歳以上ではほとんど数値に上がってこないのです。また、5年以上前の人権侵害であっても、いまも辛い思いをしている人びとがおられる現実を無視することはできないからです。

　2020年に実施された「三田市人権と共生社会に関する意識調査」（以下、「三田市2020年調査」と略す）によると、過去に自分の人権が侵害されたと感じた人は、回答者1,420人のうち256人（18.0%）でした。256人の

うち、具体的な人権侵害としていちばん多かったのが、10年以上前に経験した「学校でのいじめ」40.6%、次いで、「教師からの体罰や暴言など」21.5%でした。しかも、いちばんつらかった人権侵害は、「学校でのいじめ」22.7%でした。「学校でのいじめ」については、家族などに相談した人では一定の解決がされているのですが、「何もできなかった」という人では、その大半が、いまも解決していないと回答しています（三田市2021）。

3 既存の人権意識調査における成果―その1

ここからは、市民の人権意識（裏返せば、差別意識）の現状を押さえるとともに、人権施策に役立てることをめざした先行研究を紹介します。

3-1 「大阪府2000年調査」における佐藤裕の分析

2000年に大阪府が実施した「人権問題に関する府民意識調査」（以下、「大阪府2000年調査」と略す）について、社会学者の佐藤裕は、社会調査法にもとづき分析しています（佐藤2002a、2002b）。

まず、「忌避的態度」を「差別的な問題設定がなされたときに、その枠組みが受け入れられてしまう可能性」と概念化しています。はじめに概念ありきです。ただ、この概念はわかりにくいという難点は否めません。佐藤自身、分析においては、「忌避的態度」を測定するために、指標として「もし、あなたが、家を購入したり、マンションを借りたりするなど住宅を選ぶ際に、同和地区を避けることがあると思いますか」という質問を用いています。そうであれば、上記の概念は、佐藤のいう「状況認識」による「他者化」と解されるのであり、その結果、「（被差別部落や出身者などの）被差別の対象を避けようとする」態度を「忌避的態度」と定義したほうがわかりやすいのではないかと考えます。なぜなら、「状況認識」による「他者化」の結果、忌避的態度のみならず、排除的態度、蔑み（見下し）的態度、貶め的態度などが形成されることもありうるからです。

佐藤は「忌避的態度」を被説明変数として、「教育・啓発からの情報伝

達」「家族や友人などからの情報伝達」「（差別についての）倫理的判断」「（部落差別についての）状況認識」の変数相互の関連を示す基本モデルを作成し、モデルの検証を行い、多くの重要な知見を得ています（佐藤 2002a、佐藤 2002b）。

〈知見Ⅰ-3-1〉　差別についての認識が深いほど忌避的態度が少ない。

〈知見Ⅰ-3-2〉　差別解消に積極的な人のほうが忌避的態度は少ない。

〈知見Ⅰ-3-3〉　「被差別者責任論」の考えが強いほど忌避的態度が強い。

〈知見Ⅰ-3-4〉　厳しい差別があると認識している人ほど忌避的態度が強い。

〈知見Ⅰ-3-5〉　将来も差別はなくならないと考えているほど忌避的態度が強い。

〈知見Ⅰ-3-6〉　差別する側が優勢であるとの認識をもつ人のほうが忌避的態度は強い。

〈知見Ⅰ-3-7〉　同和地区の人とそれ以外の人とは互いに理解・協力が困難であるとの認識をもつ人のほうが忌避的態度は強い。

〈知見Ⅰ-3-8〉　教育・啓発を受けた人のほうが忌避的態度が低くなるとはいえない。

〈知見Ⅰ-3-9〉　小学校で「同和教育」を受けた人のほうが忌避的態度は強い。

〈知見Ⅰ-3-10〉　教育・啓発を受けた人は、被差別者責任論を否定する傾向にある。

〈知見Ⅰ-3-11〉　小学校から高校までの同和問題学習を受けた人ほど、差別についてより厳しい現状認識をもつ傾向にある。

〈知見Ⅰ-3-12〉　研修・啓発を受けた人ほど、理解・協力の可能性があるという見解をもちやすい。

〈知見Ⅰ-3-13〉　「こわい」「かかわらないほうがよい」などの話を聞くことと忌避的態度との間に相関がある。

〈知見Ⅰ-3-14〉　忌避的態度を目的変数とした重回帰分析の結果、影響力の大きい項目は、「理解・協力の可能性」「結婚差別の現状認識」「こわいというイメージ」「こわいという情報」「勢力観」の順であった。

〈知見Ⅰ-3-15〉 「こわい」という話を聞いて「そのとおりと思った」人は、話を聞いたことがない人よりも忌避的態度が強い。

3-2 「大阪府2005年調査」における奥田均の分析

　2005年に大阪府が実施した「人権問題に関する府民意識調査」(以下、「大阪府2005年調査」と略す) のデータを用いて、奥田は、忌避意識と関連する諸要因の検討を行っています (奥田 2006)。佐藤による知見を追証するような結果が多く得られているのですが、ここでは異なった知見や新たな知見を紹介しましょう。

〈知見Ⅰ-3-16〉 小・中・高での同和教育の経験は、忌避意識の克服との間に有意な関連がみられない。

〈知見Ⅰ-3-17〉 知り合いで、差別問題や人権擁護に取り組んでいる人がいるほど、忌避意識の克服に有効である。

〈知見Ⅰ-3-18〉 同和地区に住んでいる人とのつきあいは、忌避意識の克服に有効である。

〈知見Ⅰ-3-19〉 差別発言への反対対処は、差別解消への展望と関連する。

〈知見Ⅰ-3-20〉 差別への倫理的態度が差別発言への反対対処と関連する。

〈知見Ⅰ-3-21〉 職場での研修は、差別発言への反対対処に一定の効果がみられる。

〈知見Ⅰ-3-22〉 知り合いで、差別問題や人権擁護に取り組んでいる人がいることと、差別発言への反対対処は関連する。

〈知見Ⅰ-3-23〉 同和地区に住んでいる人と一緒に福祉や教育活動をするつきあいは、差別発言への反対対処と関連する。

〈知見Ⅰ-3-24〉 学校での同和教育や職場での研修は、「寝た子を起こすな論」を克服する効果がある。

〈知見Ⅰ-3-25〉 「寝た子を起こすな論」は、「被差別者責任論」と関連する。

〈知見Ⅰ-3-26〉 「部落分散論」と「被差別者責任論」は強い関連がある。

3-3　「四日市市2005年調査」における笠原・関根・筒井らの分析

　笠原・関根・筒井らは、2005年に四日市市が実施した「市民人権意識調査」（以下、「四日市市2005年調査」と略す）で、自尊感情と人権意識について仮説検証を行っています。知見のみ列挙します（笠原・関根・筒井2006）。

〈知見Ⅰ-3-27〉　自尊感情の高さと、部落差別問題解決にむけて自ら積極的にかかわっていくこととの間に有意な関連はみられない。

〈知見Ⅰ-3-28〉　基本的に人権意識水準の高い人ほど、自尊感情が高い傾向にある。

　なお、人権意識と自尊感情との間に強いつながりがあるとの結論が示されているのですが、分析結果をみるかぎり、かなり強引な結論であるとの印象を拭えません。

4　既存の人権意識調査における成果—その2

　これまで、私自身も複数の自治体の人権意識調査で個票データの分析をさせていただき、多くの興味深い知見を得ることができました。豊中市『人権についての市民意識調査報告書』（2001）、生駒市『人権問題に関する市民意識調査報告書』（2005）、茨木市『人権問題に関する市民意識調査報告書』（2007）において、既存研究の知見を追証しながら、調査項目の有効性の検討や分析手法の工夫を重ねてきました。これらの貴重な経験により、私自身の分析課題が明確になっていきました。

　ここからは、私がその後の2000年代にかかわらせていただいた人権意識調査から、興味深い知見を紹介します。以下に紹介する分析結果と、次章で取り上げる、2010年に大阪府と大阪市が共同で実施した「人権問題に関する府民（市民）意識調査」（「大阪府2010年調査」と「大阪市2010年調査」）の分析結果について、10年以上経ってから追証する機会にめぐまれたことが、本著の出版につながったといえるからです。

4-1　はじめに定義ありき──差別意識と人権意識

　人権意識調査において、差別意識や人権意識を測定するに先立って、差別意識や人権意識について定義をしておく必要があります。

　実は私は、大学の卒業論文を制作していたときから「社会的差別とは何か」と問いつづけてきて、その時々に差別の定義を見直してきたのですが、現時点で差別を次のように定義しています。「ある社会の中で優位な立場にいる人びとが、その人びとに都合のよいなんらかの社会的カテゴリーを用いて、自分たちに属さない人びとに対して、忌避、排除、蔑視、侮蔑による不当な扱いをすること」です（神原 2020）。図Ⅰ-1 は、社会的差別が容認（あるいは、放置）されている社会において、人びとの差別意識の顕れ方を図示したものです。

　一方、人権とは、「（国家によって）すべての人に保障されるべき、安心（生命、生活、人生の安心）、自信（自分は自分という信頼）、自由（選択の自由）、平等（安心、自信、自由の平等）といった、だれにとっても生きるうえで不可欠な、だからこそ、義務をともなわない権利である」ととらえています。人権を制限する唯一の条件は、「他人の人権を侵害してはならない」という規範遵守です。人権意識とは、このような人権を尊重し、尊重されるべ

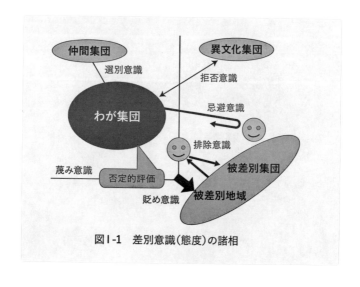

図Ⅰ-1　差別意識（態度）の諸相

き、という考えであるととらえています。

　私が人権意識調査の調査票の作成からかかわることのできた自治体では、このような定義を念頭に質問項目を検討したのですが、時間的な制約から、いずれの場合も、差別意識を測る項目や人権意識を測る項目の妥当性について事前に予備調査ができませんでした。人権意識や差別意識を測定するうえでどのような項目が妥当かという点について、長年、懸案となっていたのです。

4-2　「豊中市2007年調査」における分析

　2007年に豊中市が実施した「人権についての市民意識調査」（以下、「豊中市2007年調査」と略す）の分析結果の一部を紹介します。

　人びとの差別意識にどのような要因が関連しているのかを明らかにするために、私は、従来の知見をふまえて、次のような5つの仮説を立てました。

〈仮説Ⅰ-4-1〉　生活価値観において保守的な考えをもっている人ほど差別意識が強い。

〈仮説Ⅰ-4-2〉　育ちのなかで差別学習を受けて、その学習を内面化した人は、反発した人よりも差別意識が強い。

〈仮説Ⅰ-4-3〉　人権学習を受けた度合いの高いほど、差別意識は弱くなる。

〈仮説Ⅰ-4-4〉　被差別体験のある人や人権侵害体験のある人ほど、差別意識が弱い。

〈仮説Ⅰ-4-5〉　自己肯定感の高い人ほど、差別意識が弱い。

4-2-1　差別尺度をつくる

　これらの仮説を検証するために、人びとの差別意識を測る必要があり、差別意識を測定するために差別意識を測る尺度（ものさし）をつくる必要があります。そこで、差別意識にかかわると考えられる項目群への回答結果をもとに、因子分析の手法を用いて分析し、表Ⅰ-1（次頁）の結果を得て尺度を構成しました。ここでは、具体的な手続きは省略します。

　表Ⅰ-1の1因子に5変数が高い因子負荷量を示しており、「差別意識」

因子と名づけて、これら5変数によって「差別意識尺度」を構成しました。クロンバックの信頼性係数は 0.703 と高く、尺度として問題ないと判断できました。

表I-1　差別意識項目の因子分析結果

差別意識項目	第1因子
（エ）同和地区を含む校区には引っ越したくない	0.734
（ウ）結婚する相手の家族の状況は調べておきたい	0.644
（イ）自分の身内に障害のある子どもが生まれることはいやだ	0.534
（オ）自分の身内が未婚のまま子どもを生むことには反対する	0.478
（ア）自宅近くに障害者施設の建設計画が持ち上がった場合反対する	0.458
寄与率	0.336
クロンバックの信頼性係数 α	0.703
解釈	**差別意識**

因子抽出法：主因子法

　そのうえで、基本的属性と差別意識との関連について分析し、以下の知見を得ました。

〈知見I-4-1〉　性別と差別意識は関連せず、年齢が低いほど差別意識が弱くなる傾向にある。

〈知見I-4-2〉　学歴と差別意識との関連はみられず、学歴が高くなっても差別意識が弱くなるとはいえない。

〈知見I-4-3〉　職業では、民間企業の経営者・管理者は差別意識が強い傾向にあり、公務員、教員は弱い傾向にある。

〈コメント〉　上記の因子分析の結果によると、被差別部落に対する差別意識を有している人は、障がい者に対しても差別意識を有している傾向にあり、また、未婚のままでの出産にも反対するといった保守的な家族観を有している傾向にあることがわかります。

　上記の差別意識を測る尺度は、シンプルながら、尺度としての内的一貫性（一次元性）が確保されていることから、一般的な差別意識を測る尺度として一定の有効性を有しているといえそうです。しかし、追証すること

によって信頼性を高めることが期待されます。

4-2-2　伝統志向意識と差別意識

　伝統志向意識および相撲における女性排除意識と差別意識との関連をみるために、クロス集計とカイ2乗検定を行った結果、以下のような知見を得ることができました。

〈知見Ⅰ-4-4〉　「家を建てるときや買うときには、家相や方角なども考慮すべきだ」「めでたいことは、やはり大安の日に行うべきだ」といった伝統志向が強いほど、差別意識が強い。

〈知見Ⅰ-4-5〉　「伝統なのだから、女性は大相撲の土俵に上がるべきではない」という女性排除意識が強いほど、差別意識が強い傾向にある。

〈コメント〉　伝統志向を問う複数の項目を因子分析したところ、「伝統なのだから、女性は大相撲の土俵に上がるべきではない」という項目は、伝統志向と名づけた因子に収斂されず、別の因子となりました。そこで、「女性排除意識」と名づけました。すなわち、"伝統なのだから"を口実にして、女性を排除しようとする意識と解釈しました。

4-2-3　差別の社会化と差別意識

　だれしも、差別意識を身につけて生まれてくるわけではありません。個々人が生まれたあとに、身近な人びとから差別を教えられるのです。「差別学習」と名づけています。佐藤のいう「家族や友人などからの情報伝達」に相当します。

　「豊中市2007年調査」では、差別学習の経験として、「差別されている人とかかわらないほうがよい」ということを聞いたり教えられたりした経験を問うています。豊中市2007年調査では、差別学習を受けたかどうかという差別学習の経験だけではなく、さらに差別学習を経験したときにどのように思ったかという主体的な受け止め方の違いも問うているのです。たとえ差別するように教えられても、だれもが教えられたとおりに行動し

たり考えたりするわけではなく、教えられた内容を主体的に選択して身につけるからです。

　差別学習を経験して、それをどのように受け止めて身につけるかという態度形成が重要であると考えられることから、差別をするように教えられたことの受け止め方を「差別の社会化」ととらえています。「社会化」は社会学、教育学などにおいて重要な概念であり、「子どもの社会化とは、ある社会に生まれた子どもがその社会の成員として必要な行動基準や価値観を、社会的、文化的環境から認知し選択して学習する過程」を意味します（神原・竹田 2016）。

　豊中市 2007 年調査では、差別学習の受け止め方として、「そのとおりだと思った」「そういう見方もあるのかと思った」「とくに何も感じなかった」「聞いたことない」「疑問や反発を感じた」といった区分をしています。分析の結果、差別するように教えられて、従順に「そのとおりだと思った」「そういう見方もあるのかと思った」といった受け止め方をすることが差別意識の定着に影響し、差別するように教えられていない人よりも差別意識が強い傾向にあることが明らかになりました。反対に、差別するように教えられても、「疑問や反発を感じた」という受け止め方をした人の場合は、差別意識が弱いことも指摘できます。

〈知見 I-4-6〉　育ちのなかで差別学習を経験して、教えられたことを従順に内面化した人は、差別学習を経験していない人や差別学習に反発した人よりも差別意識が強い。

　なお、「豊中市 2007 年調査」では、自己肯定感と差別意識との関連も検討しましたが、自己肯定感が高いほど差別意識は低いといった関連は認められませんでした。より正確にいえば、関連がないとはいえないのですが、関連が複雑で解釈できませんでした。

4-3　「高槻市2009年調査」における分析

　次に、2009年に高槻市が実施した「第5回高槻市人権意識調査」(以下、「高槻市2009年調査」と略す) の分析より、多元的な人権意識を測るための尺度づくりの例を紹介しましょう。

　「高槻市2009年調査」では、「市民の人権意識に焦点をあて、人権意識がどのような価値観や行動様式と関連するのかを明らかにするとともに、市民の人権意識を高めるうえでの課題を明らかにする」という問題意識で分析を行いました。

4-3-1　多元的な人権意識尺度をつくる

　「高槻市2009年調査」では、人権意識を問う多くの設問が用意されました。そこで、「人権や差別についての考え方」を問う8項目、「子どもの人権についての考え方」を問う8項目、「ジェンダーについての考え方」を問う7項目、「外国人の受け入れについての考え方」を問う5項目の、それぞれ4択の回答からなる質問項目を用いて、人権意識因子を見いだすために因子分析を行うことにしました。詳細な分析手順は省略し、最終的な分析結果のみを示します。表Ⅰ-2 (次頁) です。

　表Ⅰ-2の因子分析結果から6つの因子が析出され、「被害者責任否定意識」「体罰否定意識」「外国人労働者受け入れ意識」「性的マイノリティ尊重意識」「人権尊重意識」「ジェンダー平等意識」とし、6種の尺度を構成します。なお、「人権尊重意識」「ジェンダー平等意識」のクロンバックの信頼性係数は十分に高いとはいえないのですが、適当な代替の尺度がないために、このまま分析に用いています。

　「高槻市2009年調査」では、それぞれの因子に高い因子負荷量を示す項目への回答において、「そう思う」1点、「どちらかといえばそう思う」2点、「どちらかといえばそう思わない」3点、「そう思わない」4点と点数化し、因子ごとの各項目の点数の平均値を一人ひとりの得点とします。なお、「そう思う」のほうが「そう思わない」よりも人権意識が高い場合は、点数を

表 I-2　多元的な人権意識に関する因子分析結果

人権意識に関する項目	第1因子	第2因子	第3因子	第4因子	第5因子	第6因子
q6.ｴ 差別の原因は、差別された人の側にもある	**0.677**	0.081	0.025	0.079	0.218	0.074
q6.ｶ 差別された人は、世の中に受け入れられるように、まず自分から努力する必要がある	**0.583**	0.072	-0.004	0.089	-0.022	0.101
q21ｱ いじめはいじめを受ける子どもにも問題がある	**0.530**	0.190	-0.033	0.031	0.235	-0.042
q21ｸ 不登校は本人が努力すれば克服できるはずだ	**0.441**	0.142	-0.081	0.191	0.013	0.034
q21ｴ 保護者が子どものしつけのために体罰を加えるのはしかたがない	0.192	**0.809**	-0.052	0.074	0.114	0.095
q21ｳ 教師が子どもを指導するために、ときには体罰を加えることも必要だ	0.245	**0.801**	0.018	0.057	0.069	0.122
q28ｱ 開発途上国の労働者の受け入れは日本の責務であり、もっと受け入れるべきだ(逆)	-0.024	0.009	**0.757**	0.038	0.095	0.137
q28ｲ 少子高齢社会になり日本経済の持続的な発展には外国人労働者の受け入れは不可欠だ(逆)	-0.055	-0.039	**0.754**	0.048	0.089	0.072
q24ｶ 同僚に同性愛者や性同一性障害のある人がいる職場では働きたくない	0.153	0.015	-0.060	**0.616**	0.100	0.028
q24ｴ 同性どうしの結婚も認めるべきだ(逆)	0.028	0.052	0.077	**0.581**	-0.054	0.191
q24ｷ 自分の子どもが同性愛者であっても、親として子どもの側に立ち、力になる(逆)	0.117	0.042	0.067	**0.558**	0.032	0.038
q6.ｲ 差別をすることは、人間として最も恥ずべき行為である(逆)	0.093	0.103	0.080	0.043	**0.622**	0.115
q6.ｳ 社会的に弱い立場にある人の権利は、社会全体で守る必要がある(逆)	0.145	0.029	0.092	0.026	**0.621**	0.122
q24ｱ「男らしさ・女らしさ」の押しつけは、女性だけでなく男性も傷つけている(逆)	0.042	0.018	0.104	0.216	0.098	**0.600**
q24ｳ 自殺者の7割が男性であることは、「男らしさ」の押しつけと無関係ではない(逆)	0.007	0.052	0.035	0.037	0.029	**0.499**
q24ｲ 結婚退職、出産退職の慣行があることは、問題である(逆)	0.129	0.114	0.080	0.014	0.192	**0.357**
寄与率	9.1%	8.7%	7.5%	7.1%	6.1%	5.4%
累積寄与率	9.1%	17.9%	25.4%	32.5%	38.6%	44.0%
クロンバックの信頼性係数	0.676	0.838	0.738	0.612	0.589	0.501
因子の解釈	被害者責任否定	体罰否定	外国人受け入れ	性的マイノリティ尊重	人権尊重	ジェンダー平等

因子抽出法: 主因子法　回転法: Kaiser の正規化を伴うバリマックス法
注：末尾に（逆）とつけている項目では、選択肢の点数を逆にしている。

逆にしています。人権意識が高いほど、高い得点を示すことになります。

　これらの尺度のメリットは、①人権意識を多元的にとらえることができること、②平均値を得点とすることで、個々の人権意識得点を標準化できて、人権意識得点を相互に比較することができることにあります。

　これらの人権意識尺度を用いて得た知見を列挙します。

〈知見Ⅰ-4-7〉　さまざまな人権意識のなかで、一般論としての「人権尊重意識」は比較的高いが、他方、「体罰否定意識」はもっとも低い。

〈知見Ⅰ-4-8〉　「被害者責任否定意識」「体罰否定意識」「性的マイノリティ尊重意識」「人権尊重意識」「ジェンダー平等意識」は相互に関連があり、いずれかの人権意識が高いほど、ほかの人権意識も相対的に高い傾向にある。

〈知見Ⅰ-4-9〉　「外国人労働者受け入れ意識」は、「被害者責任否定意識」および「体罰否定意識」と関連がなく、ほかの人権意識とやや性質を異にしている。

〈コメント〉　次回以降、人権意識調査をする際には、上記の因子分析結果において各因子で因子負荷量のいちばん高い項目を組み合わせて、人権意識を測る尺度をつくるといった活用ができます。あわせて、「人権尊重意識」「ジェンダー平等意識」を測定するための項目については、再検討が必要といえます。

4-3-2　部落問題と多元的な人権意識

　「高槻市2009年調査」では、部落問題についても複数の設問が用意されています。その1つとして、回答者に「部落問題について問題であると思うこと」を問う項目が9項目用意されており、「あてはまる」場合は○をつけることになっています。これらの設問を用いて、ここでも因子分析の手法により、人びとが部落問題について問題であると思っている程度をとらえる尺度を構成しました。部落差別意識として「上下差別問題意識」と

「排除差別問題意識」は、別々の因子になりました。この点は発見でした。

「上下差別問題意識」と「排除差別問題意識」の尺度を構成し、該当する項目について「あてはまる」1点、「あてはまらない」0点として加算し、平均点を求めています。

表 I -3 は因子分析の結果です。

表 I -3　部落問題についての問題意識・因子分析結果

部落問題の問題意識	第1因子	第2因子
q26.4 生活が著しく貧困な状態に置かれていること	**0.839**	0.175
q26.5 居住環境が悪く、劣悪な状態におかれていること	**0.823**	0.174
q26.6 同和行政の成果が理解されず、周囲の市民からねたみ意識で見られること	**0.391**	0.244
q26.2 就職や職場で不利な扱いを受けること	0.250	**0.679**
q26.3 人権上の配慮を欠いた差別的言動を受けること	0.305	**0.494**
q26.1 結婚問題で周囲が反対すること	0.132	**0.487**
q26.9 すでに差別はなくっている（逆）	0.055	**0.439**
寄与率	24.4%	17.9%
累積寄与率	24.4%	42.3%
クロンバックの信頼性係数	0.733	0.633
因子の解釈	**上下差別**	**排除差別**

因子抽出法: 主因子法　回転法: Kaiser の正規化を伴うバリマックス法

　上下差別問題意識、排除差別問題意識と、多元的な人権意識、および人権侵害への問題意識との関連をみて検討した結果、以下のような知見を得ることができました。

〈知見 I -4-10〉　部落問題として上下差別が存在すること、また、排除差別が存在することを問題とみなす人びとほど、多元的な人権意識の大部分において高く、人権侵害への問題意識も高い傾向にある。

〈知見 I -4-11〉　上下差別問題意識と体罰否定意識との間には有意な関連がみられない。すなわち、被差別部落への上下差別があることは問題であると認識している人びとが、体罰を否定する意識が高いとはいえない。

〈コメント〉「高槻市 2009 年調査」において、人権意識は多元的であること、しかし、それらは相互に高い関連があること、それゆえに、いずれの人権意識でも高くなるように働きかけがなされたら、ほかの人権意識も高くなる可能性が高いことがうかがえます。とはいえ、上下差別問題意識と体罰否定意識に有意な関連がみられないという知見は重要です。すなわち、上下差別の解消に力を注いでも体罰を否定する意識は高くならないと解釈されるからです。

　しかも、多元的な人権意識のなかで体罰否定意識は相対的に低く、体罰を容認する意識の改善が今後の人権課題であることが浮かび上がったのです。この結果をふまえて、当時の高槻市人権推進審議会で体罰防止の取り組みの必要性について問題提起をさせていただいたのですが、一部の委員にしか賛同いただけませんでした。

4-4　「明石市 2010 年調査」における分析

　次に、2010 年に明石市が実施した「明石市人権に関するアンケート」(以下、「明石市 2010 年調査」と略す) の分析結果から、人権問題学習の効果について得られた知見を列挙します。

〈知見Ⅰ-4-12〉　差別学習を経験して賛同した人でも、いずれかの機関で人権問題を学習した場合、反差別意識が高くなる傾向にある。しかし、差別学習を経験しなかった人と比べると、反差別意識は低い。

〈知見Ⅰ-4-13〉　学校の授業や学校の授業以外で人権問題学習を経験した場合、「人権の大切さがよくわかった」や「差別は許せないと思う気持ちが強まった」といったプラスの感想をもった人ほど、反差別意識は高い。しかし、「建前的な話がしんどかった」というマイナスの感想をもった人ほど、反差別意識は低い傾向にある。

〈知見Ⅰ-4-14〉　職場の研修を受けた人の場合、感想がどのようであれ、反差別意識も人権推進支持意識も有意差がみられない。

〈知見Ⅰ-4-15〉　学校などで人権問題を学習した経験のある人ほど、「差別

の原因は、差別された人の側にもある」という考えは弱い傾向にある。

〈知見Ⅰ-4-16〉　学校などでの人権問題学習の経験の有無と、「いかなる差別も、完全になくすことはむずかしい」という考えとの間に関連はみられない。

〈知見Ⅰ-4-17〉　どのような人権啓発や広報活動も、積極的に取り組むことが人権推進支持意識を高めるうえで効果がある。

〈知見Ⅰ-4-18〉　人権啓発や広報活動のなかで、体験学習や差別をされてきた人びととの交流が、反差別意識を高めるうえで効果がある。

〈コメント〉　人権問題学習の経験によって「被差別者責任否定意識」が高くなることは、人権問題学習の明らかな効果といえそうです。ここで、「**被差別者責任否定意識**」とは、「差別は差別される人びとに責任があるという考え方を否定する意識」を意味します。他方で、これまでの人権問題学習では、みんなの努力によって差別はなくすことができるというメッセージが十分に伝えられてこなかったり、差別をどのようになくしていくことができるかといった課題が、学習のテーマとしてさほど重要視されてこなかったりしてきたものと推察されます。

5　小括と課題

①　差別意識を測る尺度を作成して、伝統的意識と差別意識との間に統計的に有意な関連があることが検証されました。また、いずれかの人権課題について差別意識が強い人は、ほかの人権課題についても差別意識が強い傾向にあることがみえてきました。さらに、部落差別意識として、上下差別意識と排除差別意識が区別されうることがみえてきました。もちろん、差別意識尺度の信頼性を高めるうえで、今後の人権意識調査において差別意識尺度の有効性を確認する必要があります。

②　差別意識が弱い人は人権意識が高いといえるのかどうか、これまでの人権意識調査では確認できていません。そもそも人権意識とは何か、ど

のように測定するのか、有効な尺度が完成したわけではありません。今
後の検討課題といえます。

③　身近な人から、だれかを差別するように教えられると、多くの人は、
差別を容認する傾向にあり、しかも、差別を容認するような意識を身に
つけると、その後に差別を否定するような人権問題学習を受けても、差
別学習の影響を打ち消すほど反差別意識を高くすることはむずかしいと
いう知見が得られました。既存の研究でも知見として示されているよう
に、差別の社会化が、人びとが差別意識を身につけるうえで重要な働き
をしていると解されます。今後の人権意識調査において同様の知見が得
られるならば、差別意識を軽減していくうえで、差別の社会化をいかに
防いでいくか、また、差別の社会化によって差別を容認するような意識
を身につけた場合に、その差別意識をいかに軽減することができるかと
いうことが問われる必要があります。

④　従来、学校はじめ、さまざまな場所、機会に人権学習や人権啓発が行
われてきましたが、それらの効果についてはほとんど検証されないまま
である場合が少なくないのではないでしょうか。学校でも学校以外でも、
人権問題学習の効果として「差別の原因は、差別された人の側にもある」
という考え方が弱まるといえそうです。しかし、「いかなる差別も、完
全になくすことはむずかしい」という考えを払拭できてはいないことが
みえてきました。しかも、「差別をなくすことはむずかしいと思ってい
る人は、被差別地区の人びととのかかわりを避ける意識が強い」という、
差別をなくすことについての悲観的な見方が忌避意識につながっている
ならば、この知見は、どのような人びとが差別するのかを解明するひと
つの鍵として非常に重要であり、それだけに追証して信頼性を高める必
要があります。

⑤　さまざまな人権啓発や広報を活発に行うことが、市民の人権推進支持
意識を高めるうえで効果を上げてきたことは確かです。しかし、いかな
る差別も許さないという反差別意識を高めるうえで効果を上げてきたと
はいいがたいことが明らかになりました。どのような人権学習や人権啓

発が有効なのかという点については、まだまだ検証が必要です。

⑥　2010年の時点まで、「体罰」が子どもの人権にかかわる重要な問題で
あるという認識は乏しい状況にありました。

　　実は、2010年当時、世間ではまだまだ体罰についての問題意識が低
かったのですが、大阪府人権施策推進審議会の委員として体罰防止の取
り組みの重要性について問題提起をし、重要項目の1項目に加えていた
だきました。しかし、残念ながら、2012年、大阪市立桜宮高校バスケッ
トボール部で体罰を苦にして高校生が自ら命を絶つという事件が起きて
しまいました。人権意識調査の分析結果が、人権施策に十分に活かされ
なかったことは、いまでも残念でなりません。

注：本章は、神原文子2011「これからの人権教育・啓発の課題は何か—近年の地方自
治体における人権意識調査結果から—」『部落解放研究』193, 64-84. を、大幅に加筆・
修正したものです。

II

「大阪府 2010 年調査」の集約

はじめに

　本章では、2010 年に大阪府と大阪市との共同で実施された人権意識調査の詳細分析によって明らかになった知見と課題を、できるだけわかりやすく簡潔に紹介します（大阪府 2012、神原 2012）。

　本章において、あえて 10 年以上も前の分析結果を紹介する主たる理由は 2 点です。

　1 点目は、何を明らかにすべきかを視点として提示し、それぞれの視点について分析を行い、分析結果を知見として集約しているのですが、その後のさまざまな自治体が実施した人権意識調査において、分析手法、知見などが反映されていないという残念な思いがあるからです。

　2 点目は、2010 年時点で作成した人権意識尺度、差別意識尺度の有効性や得られた知見などについて、その後の人権意識調査によって追証するうえで、いわば立地点を確認するためです。

　2010 年 11 月、大阪府の「人権問題に関する府民意識調査」（「大阪府 2010 年調査」）と大阪市の「人権問題に関する市民意識調査」（大阪市 2010 年調査」）とが、ほぼ同じ質問項目で実施され、大阪府と大阪市それぞれにおいて報告書（基本編）が作成されました。しかし、この調査の結果を今後の人権学習や人権啓発などの施策に活かすためには、より詳細なデータ分析を行い、人権意識や差別意識に影響する要因などを明らかにする必要がありました。

　私は、大阪府データと大阪市データの詳細分析の依頼を受けたことから、詳細なデータ分析を行うにあたり、データ分析の中心となる人権意識や差別意識を測るための尺度づくりは、府データと市データとを統合して行うことを提案し、府と市の了承を得ました。

　統合することのメリットは、何よりもデータ数が大きくなり、詳細な分析が可能となることです（標本数は府・市とも2,000人、有効回収数は府903票、市716票）。また、府データと市データとで人権意識や差別意識を測る尺度を共通にして、府データと市データをそれぞれ別々に分析を行って、人権意識や差別意識に関する共通の知見が得られたなら、それらの知見の信頼性はそれだけ高くなると考えたからです。

　尺度づくりは、府データと市データとを統合した1,400人分で行い、それ以降の分析は府と市と別々に行いました。なお、以下の問番号は大阪府調査票の問番号です。また、「同和問題」「同和地区」という呼称は、人権意識調査のなかにおいてのみ使用していることをお断りしておきます。

1　分析課題

　分析課題として以下の7つの〈視点〉を設定しました。紙面の都合上、分析結果の一部を紹介します。

〈視点1〉　過去の人権問題についての学習経験が現在の人権意識にどのような影響を与えているか

〈視点2〉　同和地区に対する差別意識（負のイメージ）が形成される要因は何か

〈視点3〉　同和問題に関する人権意識とほかの人権課題や差別に対する意識との間に差異はあるか

〈視点4〉　同和問題に関する差別意識がなくならない理由と同和問題を解決するための効果的な方策との間に関連があるのかどうか

〈視点5〉　人権問題に対する意識と実際の行動パターンとの間に関連があるのかどうか

〈視点 6〉　結婚における排除意識と人権意識との間に関連があるのかどう
　か

〈視点 7〉　住宅を選ぶ際に同和地区の物件を避ける意識と同和問題に関す
　る差別がなくならないと考える理由との間に関連があるのかどうか

2　人権意識、差別意識を測る尺度づくり

2-1　人権意識を測る尺度づくり

　最初に、人権意識、差別意識を測る尺度を作成することにします。

　問 1 は、府民の人権意識の程度を測るために用意された 12 の項目を用
いて、因子分析という手法によって、最終的に 2 つの尺度を作成しました。
「問題あり」4 点、「どちらかといえば問題あり」3 点、「どちらかといえば
問題なし」2 点、「問題なし」1 点と点数化して、回答者一人ひとりの回答
の平均値を尺度とします。

〈排除問題意識〉尺度　自分の仲間と思えない人を排除することを、問題
　であると認識しているかどうかを測る尺度

・外国人であることを理由にマンションなど住宅の入居を拒否すること

・障がい者であることを理由にマンションなど住宅の入居を拒否すること

・ホテルや旅館がハンセン病回復者などの宿泊を断ること

・結婚する際に興信所や探偵業者などを使って相手の身元調査を行うこと

・景気の悪化などを理由にまず外国人労働者から解雇すること

〈体罰問題意識〉尺度　体罰を振るうことを問題であると認識しているか
　どうかを測る尺度

・教師が子どもの指導のために、ときには体罰を加えることも必要だと考
　えること

・保護者が子どものしつけのために、ときには体罰を加えることも必要だ
　と考えること

「排除問題意識」尺度も「体罰問題意識」尺度も、平均値を測定値とすることにより、尺度を構成する項目数が異なっても、府民の「排除問題意識」の傾向と「体罰問題意識」の傾向とを比較することができるというメリットがあります。以下の尺度づくりも同様の考えにより、平均値を測定値としています。

回答者全員における「排除問題意識」の平均値は3.1、標準偏差0.6であり、「体罰問題意識」の平均値は2.4、標準偏差0.9です。当時の府民のなかで、「排除問題意識」に比して「体罰問題意識」が相当に低いことがわかります。

〈コメント〉　因子分析の結果、5項目が「排除問題意識」と名づけた1因子に収斂したということは、「排除問題意識」の低い人は、障がい者、外国人、ハンセン病回復者などのいずれかのみを排除するというよりも、いずれをも排除する傾向にあると解釈されます。

〈コメント〉　「体罰問題意識」の平均値が低いのは、2010年当時、教師や保護者による子どもへの体罰について、人権問題であると認識している府民は決して多くなかったことを示しています。

回答者の基本的属性と「排除問題意識」および「体罰問題意識」との関連について、次のような知見を得ました。

〈知見Ⅱ-2-1〉「排除問題意識」は、性差はみられないが、年齢では低いほど、学歴では高いほど、職業では自営業よりも民間企業・団体の勤め者において高い傾向がみられる。

〈知見Ⅱ-2-2〉「体罰問題意識」は、男性より女性のほうが高い傾向にあるが、年齢による統計的に有意な差はみられない。学歴や職業による統計的に有意な差もみられない。

〈因子分析の手順について──詳しくお知りになりたい方へ〉

　問 1 の 12 項目について、因子分析の手法としてオーソドックスな主因子法を用いてバリマックス回転を行い、因子負荷量が経験上の目安として 0.4 未満しか示さない、因子への反応の弱い項目や、一義性に欠ける（複数の因子に強く反応する）項目を省きながら、因子分析をやり直しました。表Ⅱ-1 が最終的に得られた分析結果です。

表Ⅱ-1　主要な個別の人権問題に関する基本的な意識の状況・因子分析

いろいろな人権問題に関する考え方	第1因子	第2因子	第3因子
3 外国人であることを理由に、マンションなど住宅の入居を拒否すること	**0.770**	0.046	0.164
4 障がい者であることを理由に、マンションなど住宅の入居を拒否すること	**0.698**	-0.027	0.207
1 ホテルや旅館がハンセン病回復者などの宿泊を断ること	**0.568**	0.019	0.179
2 結婚する際に、興信所や探偵業者などを使って相手の身元調査を行うこと	**0.530**	0.168	0.072
7 景気の悪化などを理由に、まず外国人労働者から解雇すること	**0.455**	0.123	0.249
12 教師が子どもの指導のために、ときには体罰を加えることも必要だと考えること	0.051	**0.874**	0.172
11 保護者が子どものしつけのために、ときには体罰を加えることも必要だと考えること	0.110	**0.772**	0.065
6 犯罪被害者やその家族の氏名や住所を、本人の了解なしに報道すること	0.149	0.066	**0.545**
10 親の世話や介護は、女性の役割だと考えること	0.188	0.101	**0.433**
寄与率	21.8	15.8	7.6
累積寄与率	21.8	37.6	45.2
クロンバックの信頼性係数α	0.762	0.817	0.417
因子解釈	排除問題意識	体罰問題意識	人権軽視意識

因子抽出法: 主因子法　回転法: Kaiser の正規化を伴うバリマックス法

　表Ⅱ-1 では、第 3 因子まで得られました。因子分析の結果について、各因子に強く反応している項目を用いて尺度をつくることができるか

42

どうかを確かめる必要があります。具体的には、各因子に反応している項目の内的一貫性（一次元性）を確かめるために、クロンバックの信頼性係数を求めます。内的一貫性が高いほど、クロンバックの信頼性係数の値は 1 に近づくことになります。経験的に、クロンバックの信頼性係数が 0.7 以上であることが、内的一貫性尺度を作成するうえでのひとつの目安になります（ただし、本書では 0.6 以上であれば、"よし"とみなしています）。

　第 1 因子に収斂する 5 項目については 0.762、第 2 因子に収斂する 2 項目については 0.817 となりました。これらは、おおよその目安である 0.7 以上であることから、尺度を作成することに問題ないと判断できます。しかし、第 3 因子に収斂する 2 項目については 0.417 と低い数値であることから、尺度を構成することを見合わせました。

2-2　人権意識、差別意識を測る尺度づくり

　問 2 では、差別についての 12 の考え方について賛否を問うています。すなわち、差別に反対し、人権を尊重する意識が高いかどうかを判断するための質問です。

　そこで、人権意識、差別意識の尺度を作成するために、因子分析の手法を用いて人権に関する多元的な意識を区分けして、それらの意識の程度を測るための尺度を作成しました。人権意識、差別意識と一言でいっても、必ずしも一枚岩であるとは限らないと考えられたからです。

　因子分析によって作成された尺度は次のとおりです。「そう思う」1 点、「どちらかといえばそう思わない」2 点、「わからない」3 点、「どちらかといえばそう思わない」4 点、「そう思わない」5 点と、点数が高いほど人権に関する意識が高くなるように点数化し、各因子に高い因子負荷量を示す項目群ごとに、回答者一人ひとりの回答の平均値を尺度とします。文末に（逆）を付している項目は、点数を逆にします。

〈人権推進支持意識〉尺度　人権推進の取り組みを支持する意識の高さを
　測る尺度
・あらゆる差別をなくすために、行政は努力する必要がある（逆）
・差別を受けてきた人に対しては、格差をなくすために行政の支援が必要
　だ（逆）
・差別問題に無関心な人にも、差別問題についてきちんと理解してもらう
　ことが必要である（逆）
・差別される人の話をきちんと聴く必要がある（逆）
・差別は法律で禁止する必要がある（逆）

〈被差別者責任否定意識〉尺度　差別は差別される人びとに責任があると
　いう考えを否定する意識を測る尺度
・差別の原因には、差別される人の側に問題があることも多い
・差別されている人は、まず、自分たちが世の中に受け入れられるよう努
　力することが必要だ
・差別だという訴えを、いちいち取り上げていたらきりがない
・差別に対して抗議や反対をすることによって、より問題が解決しにくく
　なることが多い

〈差別容認否定意識〉尺度　差別を容認する考えを否定する意識を測る尺
　度
・差別は世の中に必要なこともある
・差別は、人間として恥ずべき行為の一つだ（逆）
・どのような手段を講じても、差別を完全になくすことは無理だ

　回答者全体では、「人権推進支持意識」は平均値 3.9、標準偏差 0.8、「被
差別者責任否定意識」は平均値 2.8、標準偏差 1.0、「差別容認否定意識」
は平均値 3.4、標準偏差 0.9 です。

〈コメント〉　人権意識は、少なくとも「人権推進支持意識」「被差別者責
任否定意識」「差別容認否定意識」の要素を含んでいることがわかります。

　基本的属性との関連、人権意識相互の関連について検討した結果、以下の知見を得ました。

〈知見Ⅱ-2-3〉　「人権推進支持意識」「被差別者責任否定意識」「差別容認否定意識」のいずれも性別とは関連しないが、年齢との関連では、中年期において「被差別者責任否定意識」がもっとも高い傾向がみられる。

〈知見Ⅱ-2-4〉　「被差別者責任否定意識」は、学歴が高いほど高い傾向にある。

　ちなみにこの知見については、「大阪府 2000 年調査」を分析した佐藤裕の知見（佐藤 2002）や、神原がかかわった「明石市 2010 年調査」の分析によって得られた知見を追証したことになります（神原 2011）。

〈知見Ⅱ-2-5〉　「人権推進支持意識」「被差別者責任否定意識」「差別容認否定意識」は相互に比較的高い関連がある。

〈因子分析の手順について──詳しくお知りになりたい方へ〉

　表Ⅱ-2 は、人権や差別に関する考え方を問う 12 項目について、因子分析の主因子法でバリマックス回転を行った結果、3 つの因子が析出された結果を示しています。

　次に、尺度を作成するうえでの内的一貫性を確認するために、クロンバックの信頼性係数を求めたところ、第 1 因子 0.650、第 2 因子 0.653 は問題ないのですが、第 3 因子 0.512 については十分に高い数値とはいえない結果になりました。しかし、より精度の高い尺度づくりが課題であることを押さえたうえで、このままで尺度を作成することにしました。

2-3　結婚相手の条件──結婚排除否定意識の尺度づくり

　問 3 では、結婚相手を考える際に気になること（なったこと）について 14 項目をあげて、回答者自身の場合と子どもの場合との両方について問

表Ⅱ-2　人権意識・差別意識に関する因子分析結果

差別についての考え方	第1因子	第2因子	第3因子
(3)あらゆる差別をなくすために、行政は努力する必要がある（逆）	**0.602**	0.021	0.256
(5)差別を受けてきた人に対しては、格差をなくすために行政の支援が必要だ（逆）	**0.584**	0.090	0.083
(11)差別問題に無関心な人にも、差別問題についてきちんと理解してもらうことが必要である（逆）	**0.565**	0.132	-0.012
(9)差別される人の話をきちんと聴く必要がある（逆）	**0.498**	0.132	0.053
(7)差別は法律で禁止する必要がある（逆）	**0.458**	0.027	0.230
(12)差別の原因には、差別される人の側に問題があることも多い	0.100	**0.714**	0.187
(4)差別されている人は、まず、自分たちが世の中に受け入れられるよう努力することが必要だ	-0.035	**0.657**	0.059
(10)差別だという訴えを、いちいち取り上げていたらきりがない	0.324	**0.461**	0.250
(6)差別に対して抗議や反対をすることによって、より問題が解決しにくくなることが多い	0.134	**0.362**	0.089
(2)差別は世の中に必要なこともある	0.118	0.262	**0.542**
(1)差別は、人間として恥ずべき行為の一つだ（逆）	0.349	0.045	**0.460**
(8)どのような手段を講じても、差別を完全になくすことは無理だ	0.038	0.118	**0.445**
寄与率	14.6%	11.8%	7.8%
累積寄与率	14.6%	26.4%	34.2%
クロンバックの信頼性係数	0.650	0.653	0.512
因子解釈	人権推進支持意識	被差別者責任否定	差別容認否定意識

因子抽出法: 主因子法　回転法: Kaiser の正規化を伴うバリマックス法

うています。これらの回答をもとに因子分析の手法を用いて尺度づくりを行ったところ、結婚相手を考える際にある特定の属性を排除する人は、別の属性も排除する傾向にあることがみえてきました。因子分析を繰り返して、最終的に以下の 7 項目からなる「結婚排除否定意識」尺度を作成しました。「気になる」1 点、「気にならない」2 点として、7 項目への回答の

平均値を尺度とします。

〈結婚排除否定意識〉尺度　結婚相手を考える際に、ある特定の属性を排除しない意識を測る尺度
・同和地区出身かどうか
・国籍・民族
・相手やその家族に障がい者の有無
・家柄
・離婚歴
・相手やその家族の宗教
・学歴

〈コメント〉　結婚相手を選ぶ際に、「同和地区出身者かどうか」「国籍・民族」「相手やその家族に障がいの有無」「家柄」「離婚歴」「相手やその家族の宗教」「学歴」のいずれかの条件が気になる人は、他の条件についても気になる傾向にあると解釈できます。

〈因子分析の手順について──詳しくお知りになりたい方へ〉

表II-3　結婚相手を考える際に気になること 因子分析結果

結婚相手の気になること	第1因子
14 同和地区出身者かどうか	0.628
10 国籍・民族	0.618
11 相手やその家族に障がい者の有無	0.586
8 家柄	0.559
9 離婚歴	0.500
12 相手やその家族の宗教	0.448
6 学歴	0.411
寄与率	29.3%
クロンバックの信頼性係数	0.733
因子解釈	結婚排除否定意識

因子抽出法: 主因子法、バリマックス回転

　7 項目について、因子分析の手法を用いて、主因子法とバリマックス回転を行った結果、表Ⅱ-3 のとおり、1 因子に収斂しました。クロンバックの信頼性係数は 0.733 であり、これらの項目を用いて尺度を作成することは問題ないと判断できます。

2-4　反忌避意識を測る尺度づくり

　住宅を選ぶ際に同和地区を避ける人は、低所得者が多く住んでいる地域や外国籍の住民が多く住んでいる地域も避ける傾向にあるのではないかと考えて、5 項目について因子分析を試みたところ、1 つの因子に収斂しました。内的一貫性尺度として問題ないことを確認したうえで、次のような尺度を構成しました。「避けると思う」1 点、「どちらかといえば避けると思う」2 点、「わからない」3 点、「どちらかといえば避けないと思う」4 点、「まったく気にしない」5 点と点数化し、個々の回答者の回答の平均値を「反忌避意識」とします。平均値は 3.0、標準偏差は 1.1 です。

〈反忌避意識〉尺度　住宅を選ぶ際に特定の地域を避ける意識の低さを測る尺度
・同和地区の地域内である
・小学校区が同和地区と同じ区域になる
・近隣に低所得者など、生活が困難な人が多く住んでいる
・近隣に外国籍の住民が多く住んでいる
・近くに精神科病院や障がい者施設がある

〈コメント〉　同和地区、生活困難者が多く住んでいる地域、外国籍住民が多く住んでいる地域、精神科病院などがある地域のいずれかを忌避する傾向にある人は、ほかの条件の住宅も忌避する傾向にあると解されます。

　回答者の基本的属性と反忌避意識との関連について、以下の知見を得ました。

48

〈知見Ⅱ-2-6〉　反忌避意識は、男性のほうが女性よりも高い傾向にある。

〈知見Ⅱ-2-7〉　反忌避意識は、年齢、学歴および職業と関連があるとはいえない。

〈因子分析の手順について──詳しくお知りになりたい方へ〉

　表Ⅱ-4 は、因子分析の結果です。因子分析を行うにあたり、選択肢を「1 避けると思う」「2 どちらかといえば避けると思う」「3 わからない」「4 どちらかといえば避けないと思う」「5 まったく気にしない」と、忌避意識の強いものから弱いものへと並べ替えたうえで、主因子法によるバリマックス回転を行ったところ、1 因子に収斂しました。

表Ⅱ-4　反忌避意識の因子分析

住宅を選ぶ際の条件	第1因子
2 小学校区が同和地区と同じ区域になる	0.769
1 同和地区の地域内である	0.757
3 近隣に低所得者など、生活が困難な人が多く住んでいる	0.706
4 近隣に外国籍の住民が多く住んでいる	0.706
5 近くに精神科病院や障がい者施設がある	0.618
寄与率	50.9%
クロンバックの信頼性係数α	0.836
因子解釈	**反忌避意識**

因子抽出法: 主因子法、バリマックス回転

　クロンバックの信頼性係数は 0.836 と高い数値となり、尺度を構成するうえで問題ないと判断しました。

3　過去の人権学習が現在の人権意識に与える影響─〈視点 1〉

　人権問題についてのさまざまな場での学習を「人権学習」ととらえ、これまでの人権学習の経験の有無によって人権意識に差がみられるかどうかを検討しました。

3-1　人権学習の効果

　以下では、人権学習の効果を、これまでに人権学習を受けた人と受けていない人において、人権意識の平均値に統計的に有意な差があるかどうかによって検討します。

　人権学習の経験と人権意識との有意差検定を行った結果、以下のような知見を得ました。

〈知見Ⅱ-3-1〉　なんらかの人権問題についての学習を経験した人は、経験していない人よりも「排除問題意識」「被差別者責任否定意識」が高い傾向にあり、人権学習の効果がみられる。（〈知見Ⅰ-3-10〉p21 を参照）

〈知見Ⅱ-3-2〉　さまざまな人権問題についての学習のなかで、「結婚排除否定意識」や「反忌避意識」を高めたりするうえで効果がみられる内容は乏しい。

〈知見Ⅱ-3-3〉　子どもへの体罰は問題であるという「体罰問題意識」を強める効果が認められる人権学習は乏しい。

4　同和地区に対する差別意識の形成要因―〈視点 2〉

　次に、同和地区やその住民に対する差別意識の形成に影響したと考えられる要因について検討します。「大阪府 2010 年調査」の有効回答者 903 人のうち、「同和問題については知らない」と回答した 29 人（3.2%）を除く874 人について分析を行いました。

4-1　同和地区に対するイメージ

　問 14 では、同和地区に対するイメージについて、プラス・マイナス合わせて 11 項目が用意されています。このままでは分析が非常に煩雑になることから、ここでも因子分析の手法を用いて、同和地区に対する主要なイメージを探ることにしたところ、次の 2 つの尺度を作成することができ

ました。5 件法で回答を求めて、人権意識が高いほど高くなるように点数化し、各因子について一人ひとりのそれぞれの項目における回答の平均値を尺度とします。「反マイナス・イメージ」は平均値2.4、標準偏差0.85、「人権交流イメージ」は平均値3.0、標準偏差0.77 です。

〈反マイナス・イメージ〉尺度　同和地区のマイナス・イメージを否定する意識を測る尺度
・なにか問題が起こると、集団で行動することが多い（逆）
・いまでも行政から特別な扱いを受け、優遇されている（逆）
・同和問題に名を借りた、いわゆる「えせ同和行為」で不当な利益を得ている人がいる（逆）
・地区外の人に対して、閉鎖的な意識を持った人が多い（逆）
〈人権交流イメージ〉尺度　同和地区について人権に根ざした積極的な交流をイメージする意識を測る尺度
・地域の学校において、広く人権問題に関する教育に取り組んでいる
・同和地区の人々が地域外の人々との交流に力を入れている
・同和地区では、高齢者や障がい者への生活支援など、同和問題以外の人権問題にも積極的な取り組みが進められている

〈コメント〉「反マイナス・イメージ」の平均値が低く、2010 年当時、大阪府民のなかで同和地区に対するマイナス・イメージがまだまだ強かったことがわかります。

〈因子分析の手順について――詳しくお知りになりたい方へ〉
　表II-5 は、同和地区のイメージに関する因子分析の結果です。
　11 項目への回答結果をもとに尺度を構成するために、因子分析の手法を用いて、主因子法でバリマックス回転を行い、因子負荷量がおおよそ 0.4 未満しか示さない項目や一義性に欠ける項目を削除し、最終的に 2 つの因子に収斂しました。クロンバックの信頼性係数を求

めたところ、第 1 因子は 0.738、第 2 因子は 0.621 となり、数値とし
て問題ないと判断できることから、これらの項目を用いて尺度を作成
することにしました。その際、点数が高いほど人権意識が高くなるよ
うにし、「反マイナス・イメージ」尺度、「人権交流イメージ」尺度と
名づけることにします。

表Ⅱ-5　同和地区に対するイメージ・因子分析

同和地区に対するイメージ	第1因子	第2因子
6 なにか問題が起こると、集団で行動することが多い（逆）	**0.714**	0.086
10 いまでも行政から特別な扱いを受け、優遇されている（逆）	**0.708**	0.075
8 同和問題に名を借りた、いわゆる「えせ同和行為」で不当な利益を得ている人がいる（逆）	**0.666**	0.188
3 地区外の人に対して、閉鎖的な意識を持った人が多い（逆）	**0.492**	-0.095
11 地域の学校において、広く人権問題に関する教育に取り組んでいる	0.060	**0.634**
9 同和地区の人々が地域外の人々との交流に力を入れている	-0.110	**0.622**
7 同和地区では、同和問題以外の人権問題にも積極的な取組みが進められている	0.227	**0.563**
寄与率	25.2%	16.6%
累積寄与率	25.2%	41.8%
クロンバックの信頼性係数	0.738	0.621
因子解釈	反マイナス・イメージ	人権交流イメージ

因子抽出法: 主因子法　回転法: Kaiser の正規化を伴うバリマックス法

4-1-1　就職差別、結婚差別の現状認識、その解決にむけた将来予測との関連

　表Ⅱ-6（次頁）は、同和地区の人びとが就職や結婚において不利になっ
たり反対されたりする状況を近い将来なくすことができると思うかどうか
という将来予測と、上記の同和地区に対するイメージとの関連をみたもの
です。

　表Ⅱ-6 から、次のような知見を得ることができます。

〈知見Ⅱ-4-1〉　同和地区の人びとは「就職するときに不利になることがあ
　　る」あるいは「結婚する際に反対されることがある」と認識しており、

なおかつ「近い将来、なくすのは難しい」と認識している人ほど「反マイナス・イメージ」は低い傾向にある。

〈知見Ⅱ-4-2〉　同和地区の人びとは「結婚する際に反対されることはない」と考えている人、あるいは「結婚する際に反対されることがある」と認識していても「近い将来、完全になくせる」と考えている人は、「近い将来、なくすのは難しい」と考えている人よりも「人権交流イメージ」が高い傾向にある。

表Ⅱ-6　就職・結婚差別の予測と同和地区のイメージ

		反マイナス・イメージ				人権交流イメージ			
		平均値	度数	標準偏差	有意差	平均値	度数	標準偏差	有意差
就職が不利	なくなっている	2.4	81	0.9	*	3.2	82	0.8	―
	完全になくせる	2.5	24	1.1		3.1	25	0.8	
	かなりなくすことができる	2.5	171	0.8		3.1	171	0.7	
	わからない	2.5	265	0.8		3.0	266	0.7	
	なくすのは難しい	2.2	118	0.9		2.9	120	0.9	
	合計	2.4	659	0.8		3.0	664	0.8	
結婚が不利	なくなっている	2.7	28	0.9	**	3.2	29	0.8	*
	完全になくせる	2.5	20	1.0		3.3	21	0.6	
	かなりなくすことができる	2.5	203	0.8		3.1	205	0.7	
	わからない	2.5	203	0.8		2.9	204	0.7	
	なくすのは難しい	2.3	195	0.9		3.0	196	0.8	
	合計	2.4	649	0.8		3.0	655	0.8	

次に、同和地区の人びとに対する就職差別、結婚差別に関する将来予測と、同和問題を知ったきっかけとの間の関連を検討しました。表は省略し、得られた知見のみ示しておきます。

〈知見Ⅱ-4-3〉　同和問題を知ったきっかけが「学校の授業で教わった」という場合は、そうでない場合よりも「同和地区の人たちは就職するときに不利になることがある」と認識している傾向が高い。

〈知見Ⅱ-4-4〉　同和問題を知ったきっかけが「近所の人から聞いた」という場合は、そうでない場合よりも「同和地区の人たちは結婚する際に反対されることがある」と認識している傾向が高い。

〈知見Ⅱ-4-5〉　同和問題を知ったきっかけが「近くに同和地区があった」「職場の人から聞いた」「府県や市町村の広報などで読んだ」という場合は、そうでない場合よりも、同和地区の人たちは「就職するとき（結婚する際）に不利になる（反対される）ことはない」と考えていたり、「就職するときに不利になることがある」あるいは「結婚する際に反対されることがある」としても「近い将来なくせる」と認識していたりする傾向が有意に高い。

〈コメント〉　同和問題学習によって現在もなお部落差別はあることを学んだうえで、それだけにとどまらず、近い将来、部落差別をなくすことができると考えることができるような学習が非常に重要であることが示唆されます。

　なお、人権問題についての学習のなかで同和問題についての学習がとくに役に立った（いちばん印象に残っている）と回答した人とそうでない人について、同和地区に対するイメージに差異があるかどうかを検討しましたが、「反マイナス・イメージ」についても「人権交流イメージ」についても有意差はみられませんでした。

4-2　「差別の社会化」の影響

　個々人が、生まれたあとに身近な人びとから差別を教えられ、主体的に選択して身につける過程を、私は「差別の社会化」と名づけています。この調査では、「同和地区の人はこわい」あるいは「同和対策は不公平だ」というような話を聞いた経験を問うています。「部落差別学習」の経験です。

　「同和問題についてまったく知らない」という 29 人を除く 874 人のうち、聞いたことが「ある」人は 529 人（60.5％）、「ない」人は 225 人（25.7％）、「無

回答・不明」は 120 人（13.7%）となっています。

　表II-7 は、「部落差別学習」を経験して、「部落差別の社会化」として、「そのとおりと思った」（賛同）、「そういう見方もあるのかと思った」（容認）、「とくに何も思わなかった」（無意）、「反発・疑問を感じた」（反発）、「聞いたことはない」という受け止め方の違いによる、さまざまな人権意識、差別意識の度合いを求めたものです。

　総じて、部落差別学習を経験して、社会化として「そのとおりと思った」（賛同）人ほど、人権意識は低く、差別意識は高く、反対に、「反発・疑問を感じた」（反発）人ほど、いずれの人権意識も高い傾向を示していることがわかります。また、「聞いたことはない」人は、「反発・疑問を感じた」人よりもいずれの人権意識もやや低い傾向があるものの、部落差別の社会化を経験して「そういう見方もあるのかと思った」（容認）人、および「とくに何も思わなかった」（無意）人よりも人権意識はやや高い傾向がうかがえます。

表II-7　部落差別の社会化と人権意識・差別意識との関連

部落差別の社会化		排除問題意識	体罰問題意識	人権推進支持意識	被差別者責任否定意識	差別容認否定意識	結婚排除否定意識	反忌避意識	反マイナス・イメージ	人権交流イメージ
そのとおりと思った	平均値	2.9	2.2	3.6	2.5	3.2	12.0	2.6	1.8	2.9
	度数	115	115	111	113	113	114	117	113	112
そういう見方もあるのかと思った	平均値	3.1	2.3	3.8	2.8	3.3	12.2	2.8	2.3	3.1
	度数	278	286	264	263	263	262	263	257	255
とくに何も思わなかった	平均値	2.9	2.3	3.8	2.7	3.5	12.4	2.8	2.6	2.8
	度数	35	38	38	36	38	39	35	35	36
反発・疑問を感じた	平均値	3.3	2.4	4.1	3.2	3.8	12.6	3.6	2.5	3.3
	度数	57	57	58	58	57	58	56	55	54
聞いたことはない	平均値	3.2	2.5	4.0	3.1	3.6	12.7	3.2	2.9	3.0
	度数	210	213	212	212	217	212	207	199	205
合計	平均値	3.1	2.3	3.9	2.9	3.4	12.4	3.0	2.4	3.0
	度数	695	709	683	682	688	685	678	659	662
	有意差	***	*	**	***	***	**	***	***	**

〈知見II-4-6〉　部落差別の社会化として、「賛同」した人ほど、いずれの

人権意識も低く、反対に「反発」した人ほど、いずれの人権意識も高い傾向にある。

〈コメント〉　部落差別の社会化が、いずれの人権意識とも関連することが示唆される結果となりました。

4-3　同和地区・住民とのかかわりと人権意識、差別意識との関連

　同和地区やその住民とのかかわり方の違いにより人権意識や差別意識が異なるかどうか検討した結果、次のような知見を得ました。知見のみ示しておきます。

〈知見Ⅱ-4-7〉　同和地区やその住民とかかわりがある人ほど、「反忌避意識」「反マイナス・イメージ」「人権交流イメージ」が高い傾向がみられる。

5　結婚における同和地区排除意識と人権意識─〈視点 6〉

　結婚相手を考える際に「同和地区出身者かどうか」が気になるという意識を「同和地区排除意識」とみなし、その特徴をとらえるために、結婚差別の解決にむけた将来予測と「同和地区排除意識」との関連をみました。その結果、表Ⅱ-8 のとおり、「近い将来、同和地区の人びとに対する

表Ⅱ-8　部落差別の将来予測と結婚における同和地区排除意識との関連

		合計	問3 同和地区出身者かどうか	
			あてはまる	あてはまらない
問16.1 近い将来、なくすことができると思うか	なくなっている	30	13.3%	86.7%
	完全になくせる	24	8.3%	91.7%
	かなりなくすことができる	209	24.4%	75.6%
	わからない	212	14.6%	85.4%
	なくすのは難しい	195	37.9%	62.1%
	合計	670	24.2%	75.8%

$\chi 2=35.946$ df=4 p<.001 ***

結婚差別をなくすのは難しい」と考えている人ほど、結婚相手を考える際に「同和地区出身者かどうか」が気になる、すなわち、「同和地区排除意識」が強い傾向にある結果となりました。とはいえ、「かなりなくすことができる」と考えている人においても「同和地区出身者かどうか」が気になる人が少なくないことがわかります。

〈知見Ⅱ-5-1〉　近い将来、同和地区の人びとに対する結婚差別をなくすのはむずかしいと考えている人ほど、結婚相手を考える際に「同和地区排除意識」が強い傾向にある。

次に、部落差別の社会化と、結婚相手を考える際の「同和地区排除意識」との関連をみたところ、表Ⅱ-9のとおり、部落差別の社会化を経験して「賛同」あるいは「容認」した人ほど、結婚相手を考える際に「同和地区排除意識」が強い傾向にあることがわかります。

表Ⅱ-9　差別の社会化と結婚における排除否定意識との関連

| | | 合計 | 問3i14 同和地区出身者かどうか | |
			あてはまる	あてはまらない
問18.2 その話を聞いた時にどう感じたか	そのとおりと思った	114	39.5%	60.5%
	そういう見方もあるのかと思った	262	31.3%	68.7%
	とくに何も思わなかった	39	20.5%	79.5%
	反発・疑問を感じた	58	15.5%	84.5%
	聞いたことはない	212	10.4%	89.6%
	合計	685	24.2%	75.8%

$\chi 2=46.404$　df=4　p<.001 ***

〈知見Ⅱ-5-2〉　部落差別の社会化によって、「賛同」あるいは「容認」した人ほど、結婚相手を考える際に「同和地区排除意識」が強い傾向にある。

6　小　括

　本章の大きな特徴のひとつは、人権意識と差別意識を測る尺度を作成し、分析に用いて知見を導いていることです。

　調査票の作成段階から、従来の人権意識調査で用いられている調査項目を参考にしながら、できるだけ多くの項目を調査票に組み込んだうえで、多数のそれぞれの項目を個々に分析するのではなく、個々の項目への回答結果をもとに、主として因子分析の手法を用いて人権意識を測る尺度を作成しました。

　尺度を構成するという手法のメリットとして、①人権意識や差別意識を構成している複数の要素を探ることができること、②人権意識や差別意識を測るうえで有効な項目と有効とはいえない項目をふるいにかけることができること、③有効な項目を組み合わせて人権意識や差別意識を構成する性質の異なる尺度を作成することができること、④それらの尺度を用いて人権意識や差別意識と関連する諸要因を可能なかぎり探求することができること、そして、⑤人権学習や人権啓発の効果を測定することができること、などをあげることができます。

　本章では、人権意識や差別意識を測る尺度として、「排除問題意識」尺度、「体罰問題意識」尺度、「人権推進支持意識」尺度、「被差別者責任否定意識」尺度、「差別容認否定意識」尺度、「結婚排除否定意識」尺度、「反忌避意識」尺度を作成しました。

　また、同和地区のイメージについて「反マイナス・イメージ」「人権交流イメージ」の尺度を作成しました。

　作成したさまざまな尺度を用いることで、この調査データから明らかになった知見は少なくありません。あわせて、今後の施策における多くの課題もみえてきました。

　以下、府データの分析結果と市データの分析結果から見いだされた共通の知見をふまえて、人権施策の課題を、〈視点〉ごとに整理しておきます。

〈視点1〉 過去の人権問題についての学習経験が現在の人権意識にどのような影響を与えているか

　とくに役に立った（いちばん印象に残っている）人権学習を問う設問に対する回答からは、どこで受けた、どんな内容や形式の学習が、人権意識を高めたり差別意識を低くしたりするうえで効果があったといえるのかといった点について、一般化できるような結果を得ることはできませんでした。

　長年にわたってさまざまな人権学習や人権啓発の取り組みがなされてきたわけですが、効果を上げてきた側面と、反対に、期待されるほどの効果を上げることができていなかったといわざるをえない側面も少なくありません。結婚排除意識や忌避意識の根強さ、同和地区に対する「反マイナス・イメージ」の低さ、また「体罰問題意識」の低さなどがさらなる課題として明らかになってきました。

〈視点2〉 同和地区に対する差別意識が形成される要因は何か

　同和問題に関する講演会・研修会や府・市町村の広報誌などを通じ、同和地区の「マイナス・イメージ」を払拭し、「人権交流イメージ」を高めるような、よりいっそうの啓発が必要であることが示唆されます。その方法として、被差別当事者の方々との直接的なかかわりが、人権意識、反差別意識を高めるうえで何よりも有効な学習方法であることが確認されました。

　学校での同和問題に関する学習においては、差別の現実について認識を深める内容だけではなく、差別をなくすことのできる取り組みについての紹介やアイデアをより積極的に子どもたちに伝える取り組みを期待したいと思います。

　また、この調査では、育ちのなかでの「部落差別の社会化」の影響の大きさを示す知見が得られました。「部落差別の社会化」を阻止する人権学習や啓発の取り組みと、部落差別の社会化による影響を除去しうるような

人権学習の工夫が重要な課題であることを、あらためて指摘しておきます。

〈視点 3〉　同和問題に関する人権意識とほかの人権課題や差別に対する意
　識との間に差異はあるか

　従来の人権学習において、「人権推進支持意識」や「被差別者責任否定
意識」を高める効果は認められているのですが、これらの人権意識が高
くなっても、「反忌避意識」が高くなるとは限らないのです。この知見は、
人権学習や啓発における新たな課題を提起しているといえるでしょう。

　さらに、体罰は問題であるという「体罰問題意識」は、さまざまな人権
意識のなかでも相対的に低く、ほかの人権意識と強い関連はみられません。
このことから、従来の人権学習や人権啓発に加えて、子どもの人権尊重と
いう観点から、また子どもの虐待防止策としても、「体罰問題意識」を高
める学習や啓発が重要課題であることを強調しておきます。

〈視点 4〉　同和問題に関する差別意識がなくならない理由と同和問題を解
　決するために効果的な方策との関連性―省略

〈視点 5〉　人権問題に対する意識と実際の行動パターンとの関連性―省略

〈視点 6〉　結婚における同和地区排除意識と人権意識との関連性

　長年、学校、職場、地域において同和問題や人権問題についての学習が
なされてきました。その効果として、学習経験のある人ほど、「差別はい
まも残っている」という認識が広がったこと、また、「差別は差別される
側の責任である」と考える「被差別者責任意識」が弱くなったことを指摘
できます。しかし、予期せぬ "効果" として、学習経験を積むほど、「就職
差別や結婚差別は近い将来、なくすことはむずかしい」という悲観的な意
識が広がったのではないかと推測される結果となりました。

　他方、家庭や地域など、身近な人間関係における「部落差別の社会化」
の経験によって、同和地区の人びとに対する差別意識としての忌避意識や

結婚における排除意識を身につけると、その後に人権学習や人権啓発を経験しても、忌避意識や結婚における排除意識はなかなか弱まるものではないこともみえてきました。しかも、近い将来、就職差別や結婚差別をなくすことはむずかしいという認識をもってしまうと、同和地区に対するマイナス・イメージが維持され、それだけ忌避意識や排除意識につながりやすいという悪循環のメカニズムがみえてきました。

〈視点7〉　住宅を選ぶ際に同和地区の物件を避ける意識と同和問題に関する差別がなくならない理由との関連性─省略

〈コメント〉「大阪府2010年調査」については、2011年度に1年間を費やして詳細な分析を行い、人権施策の課題を整理して報告書をまとめました。しかし、翌年、担当者が異動になり、私も、大阪府人権施策推進審議会委員の任期が終わったことで、報告書がその後の大阪府の人権施策にどのように活かされたのか、定かではありません。とはいえ、当時、大阪府政が大きく転換した時期であり、人権施策が大幅に縮小されるなかで、報告書も埋もれてしまったのかもしれません。この思いが、本書執筆の原動力のひとつになりました。

差別に関する人権意識を測る
「大阪市 2010・2015・2020 年調査」より

1　差別に関する人権意識を測る尺度

　これまで、私は、複数の自治体における人権意識調査にかかわらせていただき、そのつど、人権意識を測る尺度を作成してきましたが、尺度としての妥当性、信頼性について、必ずしも十分とはいえないものでした。尺度の妥当性とは、測ろうとする対象にとってもっともふさわしい物差しであるかどうかを意味します。また、信頼性とは、尺度を構成するにあたって、同じ調査項目を用いて、別の対象者からの回答をもとに分析をしても同じ結果が得られるかどうか、すなわち、尺度として信用できるかどうかを意味します。

　実のところ、1 度限りの人権意識調査において、ほかに代替的な尺度がない場合には、尺度としての信頼性が低いことを承知で分析に使用することもありました。

　しかし、幸いなことに、2021 年になってようやく、差別に関する人権意識尺度について納得のゆく尺度を構成することができました。その理由は、「大阪市 2010 年調査」、2015 年の大阪市における「人権問題に関する市民意識調査」（以下では、「大阪市 2015 年調査」と略す）に続いて、2020 年の「人権問題に関する市民意識調査」（以下では、「大阪市 2020 年調査」と略す）のデータ分析にかかわらせていただく機会を得たことで、2010 年、2015 年、2020 年の 3 回にわたるデータを合わせて 1 つのデータとして分析できたからです。「大阪市 2010 年調査」「大阪市 2015 年調査」「大阪市 2020 年調

査」では、共通する設問が少なくありませんでした。そのため、経年変化をとらえることが可能であったこととあわせて、信頼性の高い尺度を構成するうえで貴重なデータとなりました。なお、「大阪市 2020 年調査」の個票データと調査票が公開されていますので、私の分析について何か疑問をいだかれる方は、個票データを用いて独自に分析していただくことができます。

　以下では、「大阪市 2010 年調査」「大阪市 2015 年調査」「大阪市 2020 年調査」を単に「2010 年調査」「2015 年調査」「2020 年調査」とも略記します。

　差別に関する考え方を測定するための有効性が確認された尺度、すなわち「差別に関する人権意識尺度」は、以下のとおりです。

〈差別解消・行政期待意識〉尺度　差別をなくすために、行政の努力を期待する意識を測る尺度
・差別をなくすために、行政が努力する必要がある
・差別を受けてきた人に対しては、格差をなくすために行政の支援が必要である
・差別は法律で禁止する必要がある
〈差別解消・理解意識〉尺度　自らが部落差別や差別されている人びとを理解し、差別をなくしていこうという意識を測る尺度
・差別問題についてきちんと理解するためには、差別されている人々との交流を深める必要がある
・差別されている人の話をきちんと聴く必要がある
・差別意識をなくし人権意識を高めるための啓発や教育を行う必要がある
〈差別非許容意識〉尺度　差別行為を行ったり、差別意識をもったりすることは許されないという意識を測る尺度
・差別意識をもつことは、許されないものである
・差別行為を行うことは、許されないものである
〈被差別者責任否定意識〉尺度　差別は差別される側の人びとに責任があるという考え方を否定する意識を測る尺度

・差別されている人は、まず、自分たちが差別されないよう努力する必要
　がある（逆）
・差別の原因には、差別されている人の側に問題があることも多い（逆）
〈寝た子を起こすな否定意識〉尺度　　いわゆる“寝た子を起こすな”意識を
　否定する考え方を測る尺度
・差別があることを口に出さないで、そっとしておけばよい（逆）

　人権意識調査において「差別に関する人権意識尺度」を用いる場合には、
尺度ごとに、それぞれの項目について「そう思う」「どちらかといえばそ
う思う」「どちらかといえばそうは思わない」「そうは思わない」「わから
ない」の選択肢を用意して回答を求めます。そして、人権意識が高いと考
えられる選択肢から人権意識が低いと考えられる選択肢へ、たとえば、「そ
う思う」5点、「どちらかといえばそう思う」4点、「わからない」3点、「ど
ちらかといえばそうは思わない」2点、「そうは思わない」1点のように点
数化すると、それぞれの項目への回答の点数の平均値を一人ひとりの人権
意識得点ととらえることができます。なお、項目の末尾に（逆）と記して
いる項目では、「そう思う」と回答するほうが「そう思わない」と回答す
るよりも人権意識が低いと評価されることから、「そう思う」1点、「どち
らかといえばそう思う」2点、「わからない」3点、「どちらかといえばそ
うは思わない」4点、「そうは思わない」5点と点数化しています。

〈コメント〉　差別に関する人権意識には、性質を異にする意識が含まれて
いるといえます。すなわち、「差別解消・行政期待意識」「差別解消・理解
意識」「差別非許容意識」「被差別者責任否定意識」、そして「寝た子を起
こすな否定意識」です。もちろん、差別に関する人権意識の要素がこれら
5種だけなのかどうかについては、さらに別の項目を用意して分析を行い、
確認する必要があることはいうまでもありません。

〈尺度づくりの手順について——詳しくお知りになりたい方へ〉

　差別に関する人権意識の尺度を作成する手順を紹介します。

　差別に関する人権意識を問う設問について、まず、2010年調査と2015年調査のデータを合わせて因子分析を行い、尺度を構成するうえで有効な項目を確認しました。ついで、2015年調査と2020年調査のデータを合わせて因子分析を行い、尺度を構成するうえで有効な項目を確認しました。そして、有効性が確認された8項目に、2020年調査において新たに追加された2項目を加えて、差別に関する人権意識の項目について因子分析を行いました。

　2020年調査では、当初、差別に関する人権意識の項目として14項目が用意されていましたが、2010年調査、2015年調査と合わせて因子分析を実行するなかで、10項目まで削減される結果となりました。有効なケース数は699です。

　表Ⅲ-1は、差別に関する考え方の項目について、因子分析の方法として、最尤法によるプロマックス回転を用いた分析結果です。

　第1因子には、3項目が高い因子負荷量を示しており、これらの項目の背後にある共通性を検討し、「差別解消・行政期待意識」と名づけました。クロンバックの信頼性係数は0.707となりました。2015年調査、2020年調査を合わせた分析と同様に、尺度として有効であると解釈できる結果となりました。第2因子には、3項目が高い因子負荷量を示しており、第2因子については、「差別解消・理解意識」と名づけました。クロンバックの信頼性係数は0.725であり、2015年調査、2020年調査と合わせた分析と同様の結果となり、尺度として有効と解釈されました。第3因子には、2020年調査で新たに追加された2項目が高い因子負荷量を示しており、「差別非許容意識」と名づけました。クロンバックの信頼性係数は0.731であり、尺度として有効と解釈されます。そして、第4因子には、2項目が高い因子負荷量を示しており、「被差別者責任否定意識」と名づけました。クロ

ンバックの信頼性係数は 0.700 であり、2015 年調査、2020 年調査と合わせた分析と同様の結果となり、尺度として有効と解釈されました。

表Ⅲ-1　差別に関する人権意識・因子分析

差別に関する考え方	第1因子	第2因子	第3因子	第4因子	共通性
q3.3 差別をなくすために、行政が努力する必要がある	**0.794**	-0.094	0.009	-0.021	0.547
q3.5 差別を受けてきた人に対しては、格差をなくすために行政の支援が必要である	**0.761**	0.095	-0.088	-0.003	0.61
q3.7 差別は法律で禁止する必要がある	**0.406**	0.029	0.219	-0.041	0.319
q3.10 差別問題についてきちんと理解するためには、差別されている人々との交流を深める必要がある	-0.122	**0.892**	-0.029	-0.114	0.644
q3.11 差別されている人の話をきちんと聴く必要がある	0.118	**0.640**	0.018	0.087	0.559
q3.9 差別意識をなくし人権意識を高めるための啓発や教育を行う必要がある	0.188	**0.417**	0.039	0.084	0.354
q3.1 差別意識をもつことは、許されないものである	-0.002	-0.057	**0.814**	-0.094	0.613
q3.2 差別行為を行うことは、許されないものである	-0.007	0.065	**0.755**	0.102	0.646
q3.4 差別されている人は、まず、自分たちが差別されないよう努力する必要がある（逆）	-0.095	-0.044	-0.013	**0.812**	0.637
q3.8 差別の原因には、差別されている人の側に問題があることも多い（逆）	0.070	0.014	-0.005	**0.680**	0.487
寄与率	30.3%	11.1%	7.9%	4.8%	
累積寄与率	30.3%	41.4%	49.3%	54.2%	
クロンバックの信頼性係数	0.707	0.725	0.731	0.700	
因子解釈	差別解消・行政期待意識	差別解消・理解意識	差別非許容意識	被差別者責任否定意識	

因子抽出法: 最尤法　　K=4　　回転法: Kaiser の正規化を伴うプロマックス法

なお、「12 差別があることを口に出さないで、そっとしておけばよい（逆）」の項目は、いずれの因子にも収斂しなかったことから、最終的に分析から削除しました。しかし、従来からしばしば問題とされてきた、いわゆる“寝た子を起こすな”意識を否定する考え方であって、「寝た子を起こすな否定意識」とし、差別に関する考え方の１種とみなして、分析に用いることにしました。

各因子に収斂する項目への回答の平均値を尺度とします。

2　差別に関する人権意識尺度の活用

ここからは、差別に関する人権意識尺度を用いてどのような分析ができるかという具体的な分析例を紹介します。

2-1　差別に関する人権意識の経年変化

大阪市調査では、2010 年調査、2015 年調査、2020 年調査について同じ設問が用意されている場合は、共通の尺度を用いて経年変化をとらえることができました。

「被差別者責任否定意識」は、2010 年、2015 年、2020 年について、「差別解消・行政期待意識」「差別解消・理解意識」「寝た子を起こすな否定意識」は、2015 年、2020 年について平均値を比較することができました。そして、「差別非許容意識」は 2020 年のみ単独で平均値を求めています。

また、いずれの尺度も平均値でとらえるという標準化をしていることから、年度ごとに、5 種の差別に関する人権意識の高低を比較することができるようになりました。

表Ⅲ-2 は、「差別解消・行政期待意識」「差別解消・理解意識」「差別非許容意識」「被差別者責任否定意識」「寝た子を起こすな否定意識」について、経年変化をみたものです。

表Ⅲ-2 によると、「被差別者責任否定意識」は、2010 年から 2020 年に

かけて平均値が高くなり、人権意識が高くなっていることがわかります。また、「寝た子を起こすな否定意識」は、2015 年よりも 2020 年の平均値のほうが高くなっていることがわかります。他方、「差別解消・行政期待意識」「差別解消・理解意識」は、2015 年から 2020 年にかけて統計的に有意な変化は認められません。

　2020 年において、差別に関する人権意識のなかで「差別非許容意識」の数値がもっとも高い一方、「被差別者責任否定意識」の数値がもっとも低いことも押さえておきます。

表Ⅲ-2　差別に関する人権意識の経年変化

調査年		差別解消・行政期待意識	差別解消・理解意識	差別非許容意識	被差別者責任否定意識	寝た子を起こすな否定意識
2020年	平均値	3.71	3.88	4.18	3.35	3.93
	度数	711	716	719	714	718
2015年	平均値	3.76	3.88		2.99	3.69
	度数	727	722		730	735
2010年	平均値				2.76	
	度数				677	
統計的有意差		p=.399 -	p=.882 -		p<.001***	p<.001***

〈知見Ⅲ-2-1〉　2010 年から 2020 年の変化のなかで「被差別者責任否定意識」の数値が高くなっており、この人権意識について改善の傾向がみられる。しかし、ほかの人権意識よりも数値は低い。

〈知見Ⅲ-2-2〉　2015 年に比べて 2020 年のほうが「寝た子を起こすな否定意識」の数値が高くなっており、この意識について改善の傾向がみられる。

〈知見Ⅲ-2-3〉　2015 年と 2020 年の比較において、「差別解消・行政期待意識」と「差別解消・理解意識」については、統計的に有意な変化は認められない。

〈コメント〉　経年変化をとらえることにより、市民の人権意識が改善しておれば、人権学習や人権施策の効果があったと評価できます。また、人権

意識尺度のなかで数値の低い人権意識があれば、人権学習や人権啓発における重点課題であると解釈されます。

2-2　基本的属性と差別に関する人権意識との関連

次に、表Ⅲ-3 は、2020 年調査において基本的属性の違いによるこれらの差別に関する人権意識の違いを検討したものです。

表Ⅲ-2 や表Ⅲ-3 を掲載しているのは、統計的検定の結果をもとに、知見として提示しているという手続きを確認していただきたいという思いからです。

表Ⅲ-3 によると、性別、年齢別、学歴、職業と、「差別解消・行政期待意識」「差別解消・理解意識」「差別非許容意識」のいずれとも統計的に有意な関連はみられません。ただ、職業では、教員の人数は 6 人と少ないのですが、「差別解消・行政期待意識」「差別解消・理解意識」「被差別者責任否定意識」「寝た子を起こすな否定意識」がほかの職種よりも数値が高いことを指摘できます。

「被差別者責任否定意識」は、年齢が下がるほど、学歴が高くなるほど、数値が高くなる傾向が認められます。また、職業では、「教員」「公務員」がそのほかの職業よりも数値が高い傾向にあることがわかります。

「寝た子を起こすな否定意識」は、40 歳代の数値がもっとも高く、年代が上がるほど、年代が下がるほど、数値が低くなっています。学歴では、学歴が高いほど数値が高くなっています。そして、職業では、「教員」「公務員」「その他の有業者」「民間経営者・役員」が高い数値となっています。

〈知見Ⅲ-2-4〉　差別に関する考え方について、性別、年齢別、学歴、職業と「差別解消・行政期待意識」「差別解消・理解意識」「差別非許容意識」との間に統計的に有意な関連は認められない。

〈知見Ⅲ-2-5〉　「被差別者責任否定意識」は、年齢が下がるほど、学歴が高いほど、平均値が高い傾向にある。また、職業では、「教員」「公務員」

表Ⅲ-3　基本的属性と差別に関する人権意識

	度数	差別解消・行政期待意識	差別解消・理解意識	差別非許容意識	被差別者責任否定意識	寝た子を起こすな意識
性別・全体	702	3.71	3.87	4.19	3.35	3.93
男性	292	3.63	3.84	4.13	3.22	3.86
女性	396	3.77	3.90	4.23	3.44	3.98
回答しない	14	3.64	3.82	4.12	3.58	3.92
統計的検定		p=.149-	p=.692-	p=.375-	p=.056-	p=.425-
年齢・全体	700	3.71	3.87	4.19	3.35	3.92
20歳代	58	3.60	3.84	4.18	3.66	3.71
30歳代	111	3.62	4.02	4.07	3.68	4.09
40歳代	118	3.59	3.82	4.12	3.59	4.18
50歳代	122	3.66	3.85	4.13	3.23	4.04
60歳代	116	3.82	3.87	4.31	3.24	4.01
70歳代以上	175	3.84	3.81	4.28	3.03	3.56
統計的検定		p=.137-	p=.488-	p=.224-	p<.001***	p<.001***
学歴・全体	694	3.71	3.87	4.18	3.36	3.92
中学校	71	3.69	3.71	4.18	3.18	3.63
高等学校	260	3.77	3.81	4.21	3.20	3.73
短大・高専	172	3.64	3.92	4.22	3.47	4.09
大学・院	191	3.70	3.96	4.10	3.55	4.11
統計的検定		p=.584-	p=.118-	p=.542-	p=.006**	p<.001***
職業・全体	705	3.71	3.87	4.19	3.35	3.92
自営業	76	3.74	4.04	4.10	3.20	3.87
自由業	26	3.81	3.99	4.29	3.21	3.92
民間経営者・役員	23	3.27	3.81	4.20	3.41	4.39
民間正規職	164	3.60	3.79	4.14	3.47	3.96
公務員	14	3.29	4.14	3.57	3.93	4.43
教員	6	4.33	4.56	4.17	4.50	4.50
非正規職	143	3.80	3.91	4.20	3.51	4.08
その他の有業者	5	3.27	3.73	4.50	3.70	4.40
家事専業	88	3.75	3.77	4.26	3.15	3.87
学生	18	3.93	4.28	4.33	3.61	3.72
無職	142	3.76	3.77	4.24	3.10	3.64
統計的検定		p=.132-	p=.087-	p=.392	p=.007**	p=.034*

の平均値が高い傾向にある。

〈知見Ⅲ-2-6〉 「寝た子を起こすな否定意識」は、40歳代の平均値がもっ
とも高い傾向にある。また、学歴が高いほど平均値が高い傾向にある。
職業では、「教員」「公務員」に平均値の高い傾向が認められる。

〈コメント〉 基本的属性と差別に関する人権意識との関連をみることによ
り、いずれかの基本的属性について人権意識が低い傾向がみられたら、そ
の人びとをターゲットにした人権学習や人権啓発に力を注ぐ必要があると
解されます。

3　結婚などにおける人権意識と住宅選択における反忌避意識

それでは、従来の人権意識調査においてしばしば取り上げられている、
結婚における排除否定意識と住宅を選ぶ際の反忌避意識について、差別に
関する人権意識が高ければ、結婚における排除否定意識、および住宅を選
ぶ際の反忌避意識は高いといえるのかどうか確認します。

3-1　結婚などにおける人権意識を測る尺度づくり

21世紀には、多様な人びとが互いに認め合い、共に生きることのでき
る社会の実現が期待されています。しかし、残念ながら、実際には、たと
えば結婚などに際して"自分と同類（同じ仲間）"とは思えない人を排除し
ようとする人びとが少なからず存在します。

大阪市2020年調査では、「結婚相手やパートナーを考える際、気になる
こと（なったこと）」として、9項目について気になる項目を選んでもらう
設問が用意されています。

結婚などで気になること（なったこと）として比率の高い順に、「q5.1 経
済力、学歴、職業」50.4%、「q5.6 相手やその家族の宗教」40.3%、「q5.4
国籍や民族」28.9%、「q5.9 相手やその家族に刑を終えて出所した人がい
るかどうか」24.2%、「q5.3 離婚歴」22.5%、「q5.2 家柄」22.4%、「q5.8 同

和地区出身かどうか」17.2%、「q5.5 相手やその家族に障がいのある人がいるかどうか」14.2% と続いています。

　結婚などで気になること（なったこと）として選ばれる項目の選ばれ方になんらかの傾向があるかどうかを確認するために、9項目への回答をもとに因子分析を行いました。その結果、2つの因子に分かれたことから、2つの尺度を作成することにしました。

　1つ目の尺度は、「q5.8 同和地区出身者かどうか」「q5.9 相手やその家族に刑を終えて出所した人がいるかどうか」「q5.4 国籍や民族」「q5.5 相手やその家族に障がいのある人がいるかどうか」「q5.6 相手やその家族の宗教」の5項目からなる尺度であり、自分と異なった属性を有する人を容認できるか否かという「異質容認意識」を測るものです。これら5項目について「あてはまる」1点、「あてはまらない」2点として平均値を求め、「異質容認意識」とします。

　2つ目の尺度は、「q5.1 経済力、学歴、職業」「q5.2 家柄」「q5.3 離婚歴」の3項目からなる尺度であり、自分との社会的格差を容認できるか否かという「格差容認意識」を測るものです。これら3項目について「あてはまる」1点、「あてはまらない」2点として平均値を求め、「格差容認意識」とします。「異質容認意識」も「格差容認意識」も数値が高いほど、人権意識が高いと解釈されます。

〈異質容認意識〉尺度　結婚などにおいて、相手が自分と異なった属性を
　有していることを容認できる意識を測る尺度
・同和地区出身者かどうか
・相手やその家族に刑を終えて出所した人がいるかどうか
・国籍や民族
・相手やその家族に障がいのある人がいるかどうか
・相手やその家族の宗教
〈格差容認意識〉尺度　結婚などにおいて、相手が自分と格差があること
　を容認できる意識を測る尺度

・経済力、学歴、職業

・家柄

・離婚歴

＊ただし、〈格差容認意識〉尺度のほうは、今後さらに信頼度が上がるように項目の再検討が必要です。

〈コメント〉　因子分析という手法を用いることにより、結婚などにおいて相手の属性について自分との「異質性」にこだわる人は、異質と思われるいずれの属性についてもこだわる傾向にあること、また、自分との「格差性」にこだわる人は、格差にかかわるいずれの属性についてもこだわる傾向にあることが確認されたといえます。

　結婚などにおいて、異質性にこだわったり、格差性にこだわったりする意識が、従来から検討されてきた結婚などにおける排除意識につながるものと推察されます。

　表Ⅲ-4のように、基本的属性と異質容認意識および格差容認意識との関連をみたところ、次のような知見を得ることができました。

〈知見Ⅲ-3-1〉　基本的属性の違いと異質容認意識との間に統計的に有意な差は認められない。

〈知見Ⅲ-3-2〉　男性よりも女性と「回答しない」人びとにおいて格差容認意識が低い傾向にある。

〈知見Ⅲ-3-3〉　年齢が低いほど、学歴が高いほど格差容認意識が低い傾向にある。

　男性よりも女性のほうが、年齢が低いほど、学歴が高いほど、結婚相手の条件として「経済力、学歴、職業」「家柄」「離婚歴」を気にする傾向にあると解釈されます。

表Ⅲ-4　基本的属性と異質容認意識、格差容認意識

	度数	異質容認	格差容認
性別・全体	702	1.75	1.68
男性	292	1.75	1.72
女性	396	1.75	1.65
回答しない	14	1.72	1.64
統計的検定		p=.868 -	p=.016 *
年齢・全体	700	1.75	1.68
20歳代	58	1.79	1.61
30歳代	111	1.76	1.62
40歳代	118	1.76	1.65
50歳代	122	1.72	1.67
60歳代	116	1.71	1.70
70歳代以上	175	1.79	1.76
統計的検定		p=.163 -	p=.002 **
学歴・全体	694	1.75	1.68
中学校	71	1.79	1.80
高等学校	260	1.77	1.71
短大・高専	172	1.73	1.64
大学・院	191	1.73	1.63
統計的検定		p=.163 -	p<.001 ***
職業・全体	705	1.75	1.68
自営業	76	1.74	1.66
自由業	26	1.78	1.67
民間経営者・役員	23	1.66	1.67
民間正規職	164	1.72	1.65
公務員	14	1.65	1.62
教員	6	1.80	1.78
非正規職	143	1.73	1.68
その他の有業者	5	1.84	1.73
家事専業	88	1.77	1.68
学生	18	1.82	1.67
無職	142	1.81	1.75
統計的検定		p=.149 -	p=.565 -

〈尺度づくりの手順について──詳しくお知りになりたい方へ〉

　結婚などで気になること（なったこと）として選ばれる項目の選ばれ方になんらかの傾向があるかどうかを確認するために、9項目への回答をもとに因子分析を行いました。

　表Ⅲ-5は、因子分析における最尤法でプロマックス回転を行った最終的な分析結果です。なお、「q5.7 ひとり親家庭かどうか」については、一義的な項目ではないと解釈される結果となったことから、最終的な分析では省いています。

表Ⅲ-5　結婚等で気になること（なったこと）・因子分析

結婚などで気になること（なったこと）	第1因子	第2因子	共通性
q5.8 同和地区出身者かどうか	**0.648**	-0.154	0.321
q5.9 相手やその家族に刑を終えて出所した人がいるかどうか	**0.622**	0.002	0.389
q5.4 国籍や民族	**0.506**	0.083	0.315
q5.5 相手やその家族に障がいのある人がいるかどうか	**0.379**	0.183	0.262
q5.6 相手やその家族の宗教	**0.342**	0.236	0.271
q5.1 経済力、学歴、職業	-0.169	**0.727**	0.407
q5.2 家柄	0.177	**0.386**	0.265
q5.3 離婚歴	0.218	**0.376**	0.289
寄与率	26.1%	4.9%	
累積寄与率	26.1%	31.5%	
クロンバックの信頼性係数	0.669	0.540	
因子解釈	**異質性**	**格差性**	

因子抽出法: 最尤法　　k=4　　回転法: Kaiser の正規化を伴うプロマックス法

　因子分析の結果、第1因子には、5変数が高い因子負荷量を示しており、「異質性」因子と名づけました。クロンバックの信頼性係数は0.669であって、内的一貫性尺度を作成するうえで問題ないと解釈しました。

　第2因子には、3項目が高い因子負荷量を示しており、「格差性」因子と名づけました。クロンバックの信頼性係数は0.540であり、十分に高いとはいえませんが、尺度として課題があることを確認したう

えで、分析に用いることにしました。

　「異質性」因子に高い因子負荷量を示す項目への回答の平均値を、結婚などにおいて異質性を容認する「異質容認意識」尺度、また、「格差性」因子に高い因子負荷量を示す項目への回答の平均値を、結婚などにおいて格差性を容認する「格差容認意識」尺度とします。

3-2　住宅選択における反忌避意識を測る尺度づくり

　今度は、住宅を購入する際に避けることはしないという反忌避意識について、差別に関する人権意識と反忌避意識との関連を検討します。

　従来の人権意識調査では、住宅を選ぶ際にいずれかの条件を避けるという人は、ほかの条件も避ける傾向にあるという分析結果が得られています（「豊中市 2007 年調査」「大阪府 2010 年調査」）。そこで、大阪市 2020 年調査においても同様の結果になるかどうかを確認するために、因子分析の手法を用いて分析したところ、従来と同様の分析結果となりました。分析結果をもとに、次のような反忌避意識を測る尺度を作成しました。

〈反忌避意識〉尺度　　住宅を選ぶ際に、特定の条件を避けることはしない
　　という意識を測る尺度
・同和地区の地域内である
・小学校区が同和地区と同じ区域になる
・近隣に低所得者など、生活が困難な人が多く住んでいる
・近隣に外国人が多く住んでいる
・近くに精神科病院や障がいのある人の施設がある

　これら 5 項目への回答について「避けると思う」1 点、「どちらかといえば避けると思う」2 点、「わからない」3 点、「どちらかといえば避けないと思う」4 点、「避けないと思う」5 点と点数化して平均値を求めて、「反忌避意識」とします。

　なお、上記の 5 項目について個々に平均値を求めてみると、「同和地区

の地域内である」住居を避ける傾向がもっとも強いことがわかりました。

　基本的属性と反忌避意識との関連について、次のような知見を得ました。

〈知見Ⅲ-3-4〉　50歳代、60歳代よりも年齢が低い人びとと70歳以上の人
　びとのほうが反忌避意識は高い。

〈知見Ⅲ-3-5〉　学歴が高いほうが反忌避意識は低い傾向にある。

〈知見Ⅲ-3-6〉　暮らし向きがよいほうが反忌避意識は低い傾向にある。

〈コメント〉　「同和地区の地域内である」と「小学校区が同和地区と同じ
区域になる」との回答は非常に高い相関関係にあります。そのため、いず
れかの項目だけでよいともいえます。しかし、忌避されることのない地域
づくりをめざすうえで、その地域が同和地区なのか、あるいは同和地区を
含む校区を指すのか、私が判断できることではないことから、両項目をそ
のまま分析に使うことにしました。

〈尺度づくりの手順について――詳しくお知りになりたい方へ〉

　因子分析の手法として、最尤法でプロマックス回転を行ったところ、
表Ⅲ-6のように、1つの因子に収斂しました。そのため、回転はなし
です。

表Ⅲ-6　忌避意識・因子分析

住宅を購入したりする際に避けることがあるかどうか	第1因子	共通性
q6.2 小学校区が同和地区と同じ区域になる（逆）	0.876	0.767
q6.1 同和地区の地域内である（逆）	0.825	0.681
q6.3 近隣に低所得者など、生活が困難な人が多く住んでいる（逆）	0.650	0.423
q6.4 近隣に外国人が多く住んでいる（逆）	0.517	0.268
q6.5 近くに精神科病院や障がいのある人の施設がある（逆）	0.512	0.262
寄与率	48.0%	
クロンバックの信頼性係数	0.823	
因子解釈	**反忌避意識**	

因子抽出法: 最尤法

　第1因子を「反忌避意識」因子と名づけました。クロンバックの

信頼性係数は 0.823 と高い数値となったことから、尺度を構成するうえで問題ないと解釈しました。

3-3 差別に関する人権意識と結婚における異質容認意識、格差容認意識、および反忌避意識との関連

　表Ⅲ-7 は、先に作成した差別に関する人権意識と、結婚における異質容認意識、格差容認意識、および反忌避意識との関連をみるために、2 変数同士の関連を測る単相関係数を求めて有意差検定を行った結果です。

　表Ⅲ-7 によると、差別に関する人権意識のなかで、被差別者責任否定意識だけが、異質容認意識、および格差容認意識と統計的に有意な関連のあることがわかります。この点について、被差別者責任否定意識の低い人びとは、差別の原因は差別される側にあると考える傾向にあって、結婚などにおける相手については、相手が自分と異なっている、あるいは、相手が自分と格差があるというように、相手側に原因を帰して相手を遠ざける傾向にあるものと解釈できそうです。

　反忌避意識については、差別に関する人権意識のいずれとも関連のあることがわかります。

　また、異質容認意識、格差容認意識、および反忌避意識、それぞれの間にも強い関連のあることを付け加えておきます。

表Ⅲ-7　差別に関する人権意識と異質容認、格差容認および反忌避意識との関連

	speaman	差別解消・行政期待意識	差別解消・理解意識	差別非許容意識	被差別者責任否定意識	寝た子を起こすな否定意識	異質容認	格差容認	反忌避意識
異質容認	相関係数	0.07	0.062	0.044	.130**	0.003	1	.448**	.427**
	度数	697	703	704	701	703	710	710	697
格差容認	相関係数	-0.035	-0.03	-0.027	.077*	0.008	.448**	1	.287**
	度数	697	703	704	701	703	710	710	697
反忌避意識	相関係数	.160**	.204**	.118**	.185**	.118**	.427**	.287**	1
	度数	692	696	699	696	700	697	697	704

** 相関係数は 1% 水準で有意（両側）　* 相関係数は 5% 水準で有意（両側）

〈知見Ⅲ-3-7〉　被差別者責任否定意識は、異質容認意識、格差容認意識と関連する。

〈知見Ⅲ-3-8〉　差別に関する人権意識のいずれもが反忌避意識と関連する。

〈知見Ⅲ-3-9〉　異質容認意識、格差容認意識、反忌避意識は、それぞれ関連する。

〈コメント〉　結婚における異質容認意識、格差容認意識、および、住宅選択における反忌避意識を高めること、そのために、差別に関する人権意識のなかで、とりわけ「被差別者責任否定意識」を高めることが、人権学習、人権啓発の課題のひとつであることがみえてきました。

4　小　括

　本章では、差別に関する人権意識を測る尺度、結婚における異質容認意識尺度と格差容認意識尺度、および住宅選択における反忌避意識尺度を作成しました。そして、作成した尺度を用いて、経年変化をとらえたり、基本的属性との関連をとらえたり、尺度相互の関連をとらえたりといった分析をとおして、以下のような点がみえてきました。

①　差別に関する人権意識に、「差別解消・行政期待意識」「差別解消・理解意識」「差別非許容意識」「被差別者責任否定意識」「寝た子を起こすな否定意識」などの要素が含まれています。これらの要素のなかで「被差別者責任否定意識」は、「異質容認意識」「格差容認意識」、そして「反忌避意識」のいずれとも関連があり、しかも、5種の差別に関する人権意識のなかではいちばん点数が低いことから、「被差別者責任否定意識」を高めることが人権学習や人権啓発の重要課題といえます。

②　今後の人権意識調査において質問項目を減らす必要がある際には、尺度を構成するために実施した因子分析において因子負荷量の高い変数に限定して質問項目を作成することができます。また、次章以降にも関係しますが、結婚における反排除意識や住宅選択における反忌避意識との

関連が低い人権意識項目については、思い切って減らすということも可能です。

③「反忌避意識」尺度については、今回の人権意識調査において、従来と同様の分析結果が得られたことから、信頼性の高い尺度であると評価できます。

Ⅳ

部落差別意識をとらえる
「大阪市 2010・2015・2020 年調査」より

本章では、部落差別意識に焦点をあてて、どのような人びとがどのような理由から部落差別をするのかという点について、可能なかぎり詳細な分析を行います。用いるデータは「大阪市 2010・2015・2020 年調査」です。

1　部落差別意識を測る

1-1　部落差別意識を測る尺度

差別落書きをしたり、ネット上に悪意のある書き込みをしたりといったヘイト的で能動的な差別行為ではなくとも、結婚相手を選ぶ際に同和地区出身者を排除したり、住宅を選ぶ際に同和地区や同和地区を含む校区を避けたりといった差別をする可能性のある人びとの存在は、過去の人権意識調査においても明らかにされています。

まず、結婚相手を選ぶ際に同和地区出身者を排除するかどうかについてです。

大阪市調査では、2010 年調査、2015 年調査、2020 年調査において「結婚相手やパートナーを考える際、気になること（なったこと）はどんなことですか。あなたやお子さんの場合を思い起こし、気になる項目を選んでください（○はいくつでも）」という設問が用意されて、11 の選択肢の 1 つとして「同和地区出身者かどうか」があげられています。

2020 年調査において「同和地区出身者かどうか」が「気になる」として選んだ回答者は 17.2% でした。

　ただし、結婚相手やパートナーを考える際に、「気になる（なったこと）」ということのみで、結婚相手として選ばないという判断をするのかどうかまではわからないことから、「排除意識」とまではいえないと判断し、同和地区出身者の結婚などにおける「被差別部落・懸念意識」（以下では、略して「懸念意識」とする）ととらえることにします。「懸念意識」が、実際の部落差別につながる可能性を否定できないことから、部落差別意識の一種とみなすことにします。

　「懸念意識」とは、「結婚相手などを選ぶ際に、相手が同和地区出身者かどうか気になる部落差別意識」を意味します。

　「懸念意識」を測るうえで、「あてはまる」1点、「あてはまらない」2点と点数化して、「懸念意識」尺度とします。数値が低いほど懸念意識は強いことを意味します。

　次は、住宅を選ぶ際に、同和地区や小学校区が同和地区と同じ区域を避けるかどうかについてです。大阪市調査では、2010年調査、2015年調査、2020年調査において「あなたは、住宅を購入したりマンションを借りるなど、住宅を選ぶ際に、価格や立地条件などが希望にあっていても、次の(1)〜(5)のような条件の物件の場合、避けることがあると思いますか。それぞれの項目についてお答えください」という設問に対して5項目が用意されて、「1 避けると思う」「2 どちらかといえば避けると思う」「3 どちらかといえば避けないと思う」「4 避けないと思う」「5 わからない」の選択肢から1つずつ選択することが求められています。

　2020年調査において、「(1) 同和地区の地域内である」を「避けると思う」22.7%、「どちらかといえば避けると思う」26.1%でした。また、「(2) 小学校区が同和地区と同じ区域になる」を「避けると思う」15.6%、「どちらかといえば避けると思う」23.8%でした。いまなお回答者の半数近くが、住宅を選ぶ際に同和地区の地域内や小学校区が同和地区と同じ区域内にある住宅を避けるという意識を有していることがわかります。

　住宅を選ぶ際に、同和地区の地域内や小学校区が同和地区と同じ区域内にある住宅を避けるという意識を、「被差別部落・忌避意識」（以下では、

略して「忌避意識」）ととらえることができます。なお、忌避意識に関する設問として、「同和地区の地域内である」という項目と「小学校区が同和地区と同じ区域になる」という項目のいずれが有効かを判断できないため、以下では、前者を「忌避意識1」、後者を「忌避意識2」と便宜的に区別して表記することをお断りしておきます。

　選択肢について「避けると思う」1点、「どちらかといえば避けると思う」2点、「わからない」3点、「どちらかといえば避けないと思う」4点、「避けないと思う」5点と点数化して、「忌避意識」尺度とします。数値が低いほど「忌避意識」は強いことを意味します。

〈コメント〉　部落差別意識として、「懸念意識」（あるいは「排除意識」）と「忌避意識」のほかにもあるかもしれないのですが、部落差別意識をどのようにとらえるか、また、どのような尺度がより有効かという点については、調査票の作成に先立って理論的に検討することが必要です。

1-2　年代別の経年変化における懸念意識、忌避意識

　懸念意識、忌避意識については、2010年調査、2015年調査、2020年調査が同じ設問であることから経年変化をとらえることができます。
　集計表は省略しますが、以下のような知見を得ることができました。

〈知見Ⅳ-1-1〉　2010年から2020年へ、対象者全体では、懸念意識の程度に統計的に有意な変化は認められないが、20歳代、70歳代以上では、懸念意識が弱くなっている。
〈知見Ⅳ-1-2〉　2010年から2020年にかけて、忌避意識は弱くなっている。その変化は、70歳代以上の忌避意識が弱くなったことの影響が大きい。

〈コメント〉　実は、2010年、2015年、2020年の経年変化をみるだけではなく、年齢別の経年変化も分析したのです。その結果、70歳代以上の世代において、懸念意識も忌避意識も弱まっているという変化がみられたの

でした。とはいえ、その理由までは突き止めることはできていません。

1-3　基本的属性の違いによる懸念意識、忌避意識

　表Ⅳ-1（次頁）は、大阪市 2020 年調査において基本的属性の性別、年齢、学歴、職業と「懸念意識」「忌避意識 1」「忌避意識 2」との関連をみたものです。

　年齢と懸念意識および忌避意識との間に統計的に有意な関連が認められ、50 歳代、60 歳代において、ほかの年代よりも懸念意識、忌避意識の数値が低いことから、懸念意識、忌避意識が強い傾向がうかがえます。他方、住宅の選択において同和地区やその小学校区を避ける忌避意識については、70 歳代以上の数値が高く、忌避意識がもっとも弱いという結果になっています。

　また、職業では、「民間経営者・役員」「家事専業」において懸念意識、忌避意識の数値が低く、懸念意識、忌避意識が強い傾向がうかがえます。さらに、「公務員」の忌避意識の数値が低いことから、忌避意識が強いことも押さえておきます。

　なお、住宅を選ぶ際に、「同和地区の地域内である」よりも「小学校区が同和地区と同じ区域になる」場合のほうが、いくぶん忌避意識は弱い傾向にあるといえます。

〈知見Ⅳ-1-3〉　懸念意識も忌避意識も、50 歳代、60 歳代において、ほかの年代よりも強い傾向にある。
〈知見Ⅳ-1-4〉　職業と忌避意識に関連がみられ、「民間経営者・役員」「公務員」がほかの職業よりも忌避意識が強い傾向にある。

〈コメント〉　基本的属性の違いによる懸念意識や忌避意識の違いを確認することにより、今後の人権学習や人権啓発の企画に反映させることが期待されます。

表IV-1　基本的属性と排除意識、忌避意識との関連

	度数	懸念意識	忌避意識1	忌避意識2
性別・全体	702	1.83	2.65	2.98
男性	292	1.83	2.74	3.04
女性	396	1.82	2.59	2.94
回答しない	14	1.92	2.46	2.92
統計的検定		p=.644 -	p=.273 -	p=.332 -
年齢・全体	700	1.83	2.65	2.98
20歳代	58	1.97	2.79	3.09
30歳代	111	1.85	2.69	2.95
40歳代	118	1.84	2.70	3.05
50歳代	122	1.79	2.36	2.75
60歳代	116	1.76	2.44	2.88
70歳代以上	175	1.83	2.88	3.15
統計的検定		p=.029 *	p=.058 -	p=.020 *
学歴・全体	694	1.83	2.65	2.98
中学校	71	1.86	3.02	3.30
高等学校	260	1.81	2.70	3.05
短大・高専	172	1.83	2.49	2.82
大学・院	191	1.84	2.59	2.91
統計的検定		p=.755 -	p=.059 -	p=.055 -
職業・全体	705	1.83	2.65	2.98
自営業	76	1.80	2.57	2.87
自由業	26	1.88	2.69	3.00
民間経営者・役員	23	1.68	2.05	2.36
民間正規職	164	1.85	2.65	2.96
公務員	14	1.85	2.23	2.69
教員	6	1.83	3.00	3.00
非正規職	143	1.79	2.54	3.04
その他の有業者	5	2.00	3.60	3.80
家事専業	88	1.81	2.45	2.70
学生	18	2.00	2.83	3.06
無職	142	1.85	2.99	3.27
統計的検定		p=.290 -	p=.034 *	p=.062 -

2　差別に関する人権意識と、懸念意識および忌避意識

　ここからは、懸念意識、忌避意識と関連すると考えられる諸要因について検討した結果を、順に紹介します。

　まず、差別に関する人権意識と、懸念意識および忌避意識との関連をみることにしましょう。

　表Ⅳ-2 は、2020 年調査において、差別に関する人権意識と、懸念意識および忌避意識との関連について単相関係数を求めて、統計的検定を行った結果です。

表Ⅳ-2　差別に関する人権意識、懸念意識、忌避意識の相互連関

		差別解消・行政期待意識	差別解消・理解意識	差別非許容意識	被差別者責任否定意識	寝た子を起こすな否定意識	懸念意識	忌避意識1	忌避意識2
懸念意識	相関係数	.093*	.151**	.083*	.147**	0.061	1	.437**	.379**
	度数	697	703	704	701	703	710	702	699
忌避意識1	相関係数	.156**	.150**	.130**	.114**	0.057	.437**	1	.757**
	度数	696	701	704	700	703	702	709	706
忌避意識2	相関係数	.106**	.152**	.103**	.159**	.078*	.379**	.757**	1
	度数	694	698	701	697	701	699	706	706

** 相関係数は 1% 水準で有意（両側）　 * 相関係数は 5% 水準で有意（両側）

　「差別解消・行政期待意識」「差別解消・理解意識」「差別非許容意識」「被差別者責任否定意識」と、懸念意識、「忌避意識1」「忌避意識2」は関連のあることがわかります。

　すなわち、差別に関する人権意識が高いほど、結婚などの相手として「同和地区出身かどうか」を懸念する「懸念意識」も、住宅を選ぶ際に同和地区を避けるかどうかという「忌避意識」も弱い傾向にあることがわかります。

　ただし、「寝た子を起こすな否定意識」については、懸念意識および「忌避意識1」とは統計的に有意な関連があるとはいえず、「忌避意識2」との関連も弱いことがわかります。

〈知見Ⅳ-2-1〉 「差別解消・行政期待意識」「差別解消・理解意識」「差別
　　非許容意識」「被差別者責任否定意識」が高いほど、懸念意識も忌避意
　　識も弱い傾向にある。(〈知見Ⅰ-3-1〉〈知見Ⅰ-3-2〉〈知見Ⅰ-3-3〉p21 を参照)
〈知見Ⅳ-2-2〉 「寝た子を起こすな否定意識」と、懸念意識、「忌避意識1」
　　とは、統計的に有意な関連にあるとはいえない。

〈コメント〉 「差別解消・行政期待意識」「差別解消・理解意識」「差別非
許容意識」「被差別者責任否定意識」が、懸念意識および忌避意識と強い
関連があるとの分析結果から、これらの尺度は、差別に関する人権意識の
高低を測定する尺度として一定の有効性をもちえていると解釈できます。
　ただし、「寝た子を起こすな否定意識」については、懸念意識、「忌避意
識1」と統計的に有意な関連がみられないことから、差別に関する人権意
識の尺度として有効かどうか、さらに検討が必要です。

3　部落差別意識に影響する諸要因

　今度は、差別に関する人権意識のほかに、懸念意識や忌避意識に影響し
ていると解釈される諸要因について分析結果を紹介します。

3-1　部落差別学習の経験

　はじめに、日常生活において身近な人びとが部落差別をしたり、部落差
別意識を助長するような言葉を見聞きしたりといった、部落差別を肯定す
る観念を教えられる学習を「部落差別学習」の経験と名づけて、部落差別
学習による懸念意識や忌避意識への影響を確認します。ちなみに、大阪市
2020 年調査では、部落差別学習を経験して、どのように受け止めたかを
問う「部落差別の社会化」についての設問が含まれていませんでした。そ
のため、「部落差別の社会化」を問う次善策として「部落差別学習」の経
験を用いることをお断りしておきます。
　表Ⅳ-3 は、部落差別学習の経験と懸念意識、忌避意識との関連をみるた

めに、部落差別学習の機会ごとに懸念意識と忌避意識の数値を示していま
す。懸念意識、忌避意識の数値が低いほど、部落差別学習の影響を受けた
ものと解釈されます。

　なお、表Ⅳ-3の下方にある「部落差別をしたり、部落差別の意識を助長
するような言葉や考えを見聞きしたことはない」とは、部落差別の存在は
知っているが、「部落差別学習を経験していない」ということで、部落差
別をしたり、差別意識を助長したりするような影響を受けた経験がないこ
とを意味します。「同和問題を知らない」とは、「部落差別（同和問題）」と
いう言葉や意味を知らないことを意味します。

表Ⅳ-3　部落差別学習の機会と懸念意識、忌避意識との関連

部落差別学習の機会	度数	懸念意識	忌避意識1	忌避意識2
全体	583	1.85	2.71	3.04
家族や親せきの話で知った	**131**	**1.76**	**2.28**	**2.64**
地域の人の話で知った	46	1.85	2.98	3.32
学校の同級生などの話で知った	57	1.82	2.64	2.87
職場の人の話で知った	32	1.94	2.87	3.03
テレビ・映画・新聞・雑誌・書籍などで知った	91	1.83	2.72	3.03
インターネット上の情報などで知った	8	2.00	3.13	3.38
自分の身近で部落差別があった	**11**	**1.73**	**2.18**	3.27
その他	88	1.84	2.61	3.17
覚えていない	59	1.95	2.75	3.04
部落差別をしたり、部落差別の意識を助長するような言葉や考えを見聞きしたことはない	32	1.94	3.56	3.69
同和問題を知らない	28	1.96	3.50	3.54
統計的検定		p=.020 *	p<.001 ***	p<.001 ***

　部落差別学習の機会のなかで、とりわけ「家族や親せきの話で知った」
場合には、結婚における懸念意識も、住宅の選択における忌避意識も、ほ
かの学習機会と比して強いことがわかります。また、「自分の身近で部落
差別があった」場合にも、結婚における懸念意識、および住宅の選択にお
ける忌避意識が、ほかの学習機会と比して強いことがわかります。

　反対に、「部落差別学習を経験していない」人びとや「同和問題を知ら

ない」人びとでは、いずれかの部落差別学習を経験した人びとよりも、懸念意識も忌避意識も明らかに数値が高いことから、懸念意識も忌避意識も弱いと解釈されます。

実は、2015年調査でも同じ分析を行っているのですが、2020年調査の結果は、2015年調査とほぼ同様の結果となりました。

この分析結果から、部落差別をしたり、部落差別を助長するような言葉を見聞きすること、とりわけ家族や親戚のようにもっとも身近で、自分にとって重要な他者から、部落差別をしたり、部落差別意識を助長するような言葉を聞いたり、身近で直接に部落差別を経験したりするといった部落差別学習を経験することが、懸念意識および忌避意識を身につけることに関連しているものと解釈されます。

〈知見Ⅳ-3-1〉　家族や親戚のような身近な親しい人びとから、部落差別を肯定する意識を助長するような言葉や行為を教えられ学習する「部落差別学習」を経験すると、そのような学習経験がない場合よりも懸念意識および忌避意識は強くなる傾向にある。（〈知見Ⅰ-3-13〉p21を参照）

〈コメント〉「同和問題を知らない」人びとにおいて、懸念意識も忌避意識も弱いとすれば、今後、むしろ部落差別について教えないほうがよいのか、学ばないほうがよいのか、どのように考えればよいのか、今回のデータでは、この点について答えをみつけることはできていません。この点について今後の調査に期待したいと思います。

それでは、一度、部落差別学習を経験すると、変更されることはないのか、気になります。部落差別学習の経験と同和問題学習との関連については第Ⅴ章で詳述します。

3-2　差別されることのおそれ意識

今度は、同和地区やその出身者とかかわることにより、自らも差別され

るかもしれないというおそれ、すなわち「差別されるおそれ意識」によって懸念意識や忌避意識が強まるのではないかという仮説の検証結果を紹介します。

　なぜ部落差別をするのかという１つの仮説として、「結婚などや住宅の移転などに際して、同和地区やその出身者とかかわることにより、自らも差別されるかもしれないとのおそれがある」と思うほど、懸念意識も忌避意識も強くなると推測されます。

　この仮説を検証するために、「差別されるおそれ意識」と懸念意識および忌避意識との関連をみます。

　「差別されるおそれ意識」を測るために、「そう思う」１点、「わからない」２点、「そうは思わない」３点と点数化して、「差別されるおそれ意識」尺度とします。数値が低いほど、「差別されるおそれ意識」をいだく傾向にあるということになります。

　基本的属性と「差別されるおそれ意識」との関連をみたところ、表は省略しますが、以下のような知見を得ました。

〈知見Ⅳ-3-2〉　女性、性別を「回答しない」人びと、40歳代、50歳代、
　　　高学歴、公務員、民間経営者・役員、暮らし向きのよい人びとほど、「差
　　　別されるおそれ意識」をいだく傾向にある。

　表Ⅳ-4 は、「差別されるおそれ意識」と懸念意識、忌避意識との関連をみたものです。

表Ⅳ-4　差別されるおそれ意識と懸念意識、忌避意識との関連

差別されるおそれ意識	度数	懸念意識	忌避意識1	忌避意識2
全体	685	1.8	2.7	3.0
そう思う	190	1.7	2.0	2.2
わからない	224	1.9	2.7	3.0
そうは思わない	271	1.9	2.9	3.4
統計的検定		p<.001 ***	p<.001 ***	p<.001 ***
同和問題を知らない	28	2.0	3.5	3.5

90

表Ⅳ-4によると、「差別されるおそれ意識」をいだくほど、懸念意識も忌避意識も数値が低くなり、懸念意識も忌避意識も強いことがわかります。また、参考として「同和問題を知らない」人びとの懸念意識、忌避意識の数値を記載していますが、「同和問題を知らない」人びとの懸念意識、忌避意識の数値はいずれも、部落差別を知っている人びとの数値よりも高いという結果になっています。

〈知見Ⅳ-3-3〉 差別されるおそれ意識をいだくほど、懸念意識や忌避意識をいだく傾向にある。

3-3 「部落差別学習の機会」と「差別されるおそれ意識」

それでは、「差別されるおそれ意識」はどのように身につくのかという点について、1つの仮説として、「部落差別学習」の経験があるほど「差別されるおそれ意識」が強いのではないかと考えられます。

そこで、この仮説を検証するために、表Ⅳ-5は、「部落差別学習の機会」の有無と「差別されるおそれ意識」との関連をみたものです。なお、クロス集計を行ってはいるのですが、「部落差別学習の機会」の選択肢が多く、実数の小さい選択肢もあり、クロス集計による検定結果はあくまでも参考として表示しています。

表Ⅳ-5によると、「部落差別学習」の経験をしていない人びとのなかで「差別されるおそれ意識」をいだいている人は3.3％にすぎません。しかし、「家族や親せきの話で知った」38.2％、「職場の人の話で知った」28.1％、「学校の同級生などの話で知った」26.3％、「地域の人の話で知った」22.2％というように、インフォーマルな関係のなかで部落差別を肯定する意識を助長するような言葉や行為を見聞した人びとの20〜40％程度が「差別されるおそれ意識」をいだいていることがわかります。ちなみに、「自分の身近で部落差別があった」と回答した人びとの「差別されるおそれ意識」の数値が高いのは、このなかに当事者の方々が含まれていることによるかもしれません。

表Ⅳ-5　部落差別学習の機会と差別されるおそれ意識

部落差別学習の機会	合計	差別されるおそれ意識			平均値
		そう思う	わからない	そうは思わない	
合計	546	25.8%	32.4%	41.8%	2.16
家族や親せきの話で知った	131	38.2%	26.7%	35.1%	1.97
地域の人の話で知った	45	22.2%	33.3%	44.4%	2.22
学校の同級生などの話で知った	57	26.3%	21.1%	52.6%	2.26
職場の人の話で知った	32	28.1%	21.9%	50.0%	2.22
テレビ・映画・新聞・雑誌・書籍などで知った	89	24.7%	43.8%	31.5%	2.07
インターネット上の情報などで知った	8	0.0%	62.5%	37.5%	2.38
自分の身近で部落差別があった	11	9.1%	0.0%	90.9%	2.82
その他	86	27.9%	20.9%	51.2%	2.23
覚えていない	57	15.8%	50.9%	33.3%	2.18
部落差別をしたり、部落差別の意識を助長するような言葉や考えを見聞きしたことはない	30	3.3%	56.7%	40.0%	2.37

χ2=63.634 df=18 p<.001***

〈知見Ⅳ-3-4〉　家族や親戚など身近な人びとから部落差別を肯定する意識を助長するような部落差別学習を経験しているほど、「差別されるおそれ意識」をいだく傾向にある。

3-4　部落差別は近い将来、なくすことができると思うかどうか

　従来の人権意識調査において、現在も部落差別は残っており、近い将来もなくすことがむずかしいと予測している人びとは、近い将来なくすことができると予測している人びとよりも排除意識も忌避意識も強い傾向にあるという知見が得られています。そこで、同和地区の人びとへの差別についての予測と、懸念意識、忌避意識との関連をみました。

　表Ⅳ-6、表Ⅳ-7（ともに次頁）は、就職について、および結婚などについて、同和地区の人への差別は「近い将来なくすことができる」と予測しているのか、あるいは「すでに差別はなくなっている」と予測しているのかという、「就職についての差別予測」「結婚などについての差別予測」を問い、

これらの予測の違いと懸念意識、忌避意識との関連をみた結果です。予測の違いによる懸念意識、忌避意識の数値を求めています。

表IV-6　結婚等についての差別予測と懸念意識、忌避意識

結婚等についての差別予測	合計	懸念意識	忌避意識1	忌避意識2
全体	682	1.82	2.62	2.96
現在も差別は残っており、近い将来もなくすことが難しい	156	1.65	2.06	2.39
現在も差別は残っているが、近い将来なくすことができる	164	1.82	2.54	3.08
現在すでに差別はなくなっている	308	1.89	3.00	3.31
わからない	54	1.90	2.89	3.13
統計的検定		p<.001 ***	p<.001 ***	p<.001 ***

表IV-7　就職についての差別予測と懸念意識、忌避意識

就職についての差別予測	合計	懸念意識	忌避意識1	忌避意識2
全体	685	1.82	2.62	2.96
現在も差別は残っており、近い将来もなくすことが難しい	127	1.73	2.10	2.45
現在も差別は残っているが、近い将来なくすことができる	164	1.82	2.58	3.04
現在すでに差別はなくなっている	87	1.80	2.59	2.96
わからない	307	1.87	2.87	3.12
統計的検定		p=.006**	p<.001***	p<.001***

　表IV-6、表IV-7のいずれにおいても、「現在も差別は残っており、近い将来もなくすことが難しい」と予測している場合は、「現在も差別は残っているが、近い将来なくすことができる」と予測している場合よりも、懸念意識も忌避意識も数値が明らかに低いことがわかります。すなわち、就職についての差別にせよ、結婚などについての差別にせよ、「現在も差別は残っており、近い将来もなくすことが難しい」と予測している人は、「現在も差別は残っているが、近い将来なくすことができる」、あるいは「現在すでに差別はなくなっている」と予測している人よりも、懸念意識も忌避意識も強い傾向にあるといえます。従来の人権意識調査と同様の結果が得られました。

〈知見Ⅳ-3-5〉　同和地区の人びとへの差別が現在も残っており、近い将来
　もなくすことがむずかしいと予測している人は、なくすことができる、
　あるいは、すでになくなっていると予測している人よりも、懸念意識も
　忌避意識も強い傾向にある。（〈知見Ⅰ-3-5〉p21、〈知見Ⅱ-5-1〉p56 を参照）

〈コメント〉　基本的属性と「結婚などについての差別予測」との関連をみ
て、気になった点を指摘すると、60 歳代、70 歳代よりも、30 歳代、40 歳
代のほうが、「近い将来もなくすことが難しい」と予測する比率が高いの
です。また、統計的な有意差があるとはいえないのですが、職種では、公
務員、学生、教員、経営者・役員において「近い将来もなくすことが難し
い」と予測する比率が高いのです。この点に、人権学習や人権啓発におけ
る１つの課題があるといえそうです。

3-5　就職や結婚などについての差別予測と「差別されるおそれ意識」との関連

　次に、同和地区の人びとへの差別が現在も残っており、近い将来もなく
すことがむずかしいと予測している人が、なくすことができる、あるいは、
すでになくなっていると予測している人よりも「差別されるおそれ意識」
をいだく傾向にあるのではないかと考えられることから、今回はじめて関
連をみることにしました。
　表Ⅳ-8、表Ⅳ-9（ともに次頁）は、「就職についての差別予測」および「結
婚などについての差別予測」と「差別されるおそれ意識」との関連をみた
ものです。なお、表Ⅳ-9 において、「結婚などについての差別予測」で「現
在すでに差別はなくなっている」と予測している人びとよりも、「わから
ない」という人びとのほうが忌避意識の数値が高いことから、クロス集計
において選択肢の順序を入れ替えています。
　表Ⅳ-8 では、「就職についての差別予測」と「差別されるおそれ意識」
との間に関連がみられます。

表Ⅳ-8　就職についての差別予測と「差別されるおそれ意識」との関連

		合計	差別されるおそれ意識		
			そう思う	わからない	そうは思わない
就職についての差別予測	現在も差別は残っており、近い将来もなくすことが難しい	127	43.3%	23.6%	33.1%
	現在も差別は残っているが、近い将来なくすことができる	163	32.5%	23.3%	44.2%
	現在すでに差別はなくなっている	87	23.0%	19.5%	57.5%
	わからない	304	20.1%	45.4%	34.5%
	合計	681	27.8%	32.7%	39.5%

χ257.968　df=6　p<.001 ***

　また、表Ⅳ-9では、結婚などについての差別予測と「差別されるおそれ意識」との間に関連がみられます。

表Ⅳ-9　結婚についての差別予測と「差別されるおそれ意識」との関連

		合計	差別されるおそれ意識		
			そう思う	わからない	そうは思わない
結婚などの差別についての差別予測	現在も差別は残っており、近い将来もなくすことが難しい	156	49.4%	16.7%	34.0%
	現在も差別は残っているが、近い将来なくすことができる	163	29.4%	24.5%	46.0%
	わからない	306	18.3%	47.1%	34.6%
	現在すでに差別はなくなっている	54	14.8%	22.2%	63.0%
	合計	679	27.8%	32.7%	39.5%

χ2=88.414　df=6　p<.001 ***

　就職にせよ、結婚にせよ、現在も差別は残っており、近い将来もなくすことがむずかしいと予測している人ほど、「差別されるおそれ意識」をいだく傾向が高いという結果になりました。新たな発見です。

〈知見Ⅳ-3-6〉　就職にせよ、結婚などにせよ、部落差別について近い将来もなくすことがむずかしいと予測している人ほど、「差別されるおそれ意識」をいだく傾向にある。

4　小　括

　本章での分析において、部落差別意識としての懸念意識および忌避意識の形成に関連する要因として、差別に関する人権意識に加えて、部落差別学習の経験、就職や結婚などについて近い将来も部落差別をなくすことはむずかしいという部落差別予測、そして、差別されるおそれ意識の存在がみえてきました。

　また、本章で紹介した分析結果から、「就職についての差別予測」および「結婚などについての差別予測」と「差別されるおそれ意識」との関連、そして、「差別されるおそれ意識」と懸念意識、忌避意識との関連をつなぎ合わせると、「部落差別は近い将来もなくすことがむずかしい」と予測している人びとほど、同和地区の人びとや地域にかかわると自らも差別されるかもしれないという、「差別されるおそれ意識」をいだく傾向にあり、そして、「差別されるおそれ意識」をいだく人びとはそうでない人びとよりも懸念意識も忌避意識も強い傾向にあるという解釈が成り立ちそうです。しかし、このような関連が成り立つかどうかについては、第Ⅵ章で紹介するパス解析を行う必要があります。

V

部落差別の社会化と同和問題学習
「泉南市 2012 年調査」より

はじめに

　第Ⅳ章では、日常生活において身近な人びとが部落差別をしたり、部落差別の意識を助長するような言葉を見聞きしたりといった、部落差別を肯定する観念を教えられる「部落差別学習」の経験に焦点をあてて、懸念意識、忌避意識との関連をとらえました。しかし、大阪市 2020 年調査においては、「部落差別の社会化」については検討できませんでした。

　部落差別を肯定するような観念を教えられても、だれもが教えられたとおりに身につけるわけではありません。「豊中市2007年調査」における「差別の社会化」に関する知見や、「大阪府2010年調査」や「大阪市2010年調査」における「差別の社会化」に関する知見のように、部落差別学習を経験して、それをどのように身につけるかという「部落差別の社会化」による差別意識への影響を追証するとともに、さらに、部落差別の社会化が同和問題学習によってどれほど軽減されるのかという同和問題学習の効果を確認することはとても重要な分析課題であるといえます。

　「部落差別の社会化」とは、「部落差別をするように促されたり、部落差別を肯定する観念を教えられたりした際に、その内容を主体的に選択して身につける過程」ととらえることができます。

　本章で紹介するのは、2012 年に泉南市が実施した「第 4 回泉南市民人権意識調査」（以下では、「泉南市 2012 年調査」と略す）の分析結果です。「泉南市 2012 年調査」では、同和問題についてかなり詳細な設問が用意され

たことで、部落差別の社会化、差別意識、そして、同和問題学習の効果に関する分析が可能となりました。データがやや古いにもかかわらずここで紹介するのは、実は、時代が新しくなるにつれて、多くの自治体の人権意識調査では同和問題に関する設問が相当に削減されてきており、私自身、「泉南市 2012 年調査」と同様の分析を行う機会を得ることができていないからです。

1　部落差別意識を測定する

　まず、市民の同和問題についての差別意識をとらえることから始めますが、市民意識調査でとらえることのできる差別意識は、結婚に関する排除意識と、同和地区の住宅選択における忌避意識に限られます。

　結婚に関する排除意識については、「お子さんの結婚相手が同和地区出身者の場合にどのような態度をとると思いますか」という設問について、「問題にしない」「親として反対だが子どもの意志が固ければ仕方ない」「考え直すように言う」の３択の回答を用います。なお、調査では、相手が女性の場合と相手が男性の場合を分けて回答を求めているのですが、相手が女性の場合の回答と相手が男性の場合の回答との相関が高いこと、また、片方しか回答していない方々も少なくないことから、両方の回答をしている場合は両回答の平均値を回答結果とし、片方しか回答していない場合はその回答を回答結果とします。尺度を構成するにあたって「問題にしない」３点、「親として反対だが子どもの意志が固ければ仕方ない」２点、「考え直すように言う」１点と点数化し、点数が高いほど「**反排除意識**」が高いととらえます。反排除意識の平均値は 2.3、標準偏差 0.7 です。

　忌避意識については、「家を購入したり、マンションを借りたりするなど、住宅を選ぶ際に、価格や立地条件などが希望にあっていても、同和地区の地域内である物件の場合に、避けると思いますか」という設問について、「避けると思う」「どちらかといえば避けると思う」「どちらかといえば避けないと思う」「まったく気にしない」の４択の回答を用います。ち

なみに、「小学校区が同和地区と同じ区域になる」という設問への回答も用意されているのですが、「同和地区の地域内である」場合と「小学校区が同和地区と同じ区域になる」場合の回答の相関が高いことと、「同和地区の地域内である」という条件のほうが忌避意識をとらえるうえでより明確であると考えられることから、一方に絞ることにします。

尺度化においては、「避けると思う」1点、「どちらかといえば避けると思う」2点、「どちらかといえば避けないと思う」3点、「まったく気にしない」4点と点数化し、点数が高いほど「反忌避意識」が高いととらえることにします。反忌避意識の平均値は2.3、標準偏差1.0です。

2 部落差別の社会化

泉南市2012年調査では、「同和地区の人（子ども）とは、つきあっては（遊んでは）いけない」「同和地区の人とは、結婚してはいけない（結婚できない）」「同和地区の人はこわい」「同和地区の人は無理難題を言う」「同和対策は不公平だ」といった、同和地区の人びとに対するマイナスの言説について、直接に見聞した経験を問うています。続けて、だれから見聞したかと問い、さらに、聞いたときにどう受け止めたかを問うています。

差別的な発言を聞いたかどうかという「部落差別学習」の経験にとどまらず、差別的な発言を聞いたことに対する受け止め方を問うている点で、「部落差別の社会化」をとらえるうえで非常に重要な設問となっています。

2-1 部落差別学習の経験

設問では、差別的な具体的な発言や行動の見聞について経験を問うていますが、ここでは、差別的ないずれかの発言や行動の見聞について経験がある場合と経験がない場合と再コード化し、「経験あり」1、「経験なし」2、「同和問題を知らない」88、「無回答」99としています。表V-1は、年齢と「部落差別学習の経験」との関連をみたものです。

年代が下がるほど、差別的な発言や行動を直接に見聞した経験が少なく

なっていることがわかります。このことは非常に好ましい傾向であるといえるでしょう。と同時に、20代、10代で「同和問題を知らない」比率が高くなっています。このことは好ましいのかどうか、現時点では判断はむずかしいといわざるをえません。

表Ｖ-1　年齢別・部落差別学習の経験

	合計	部落差別学習の経験		
		経験あり	経験なし	同和問題を知らない
16〜19歳	68	22.1%	60.3%	17.6%
20歳代	111	37.8%	52.3%	9.9%
30歳代	149	65.8%	32.9%	1.3%
40歳代	158	65.2%	34.2%	0.6%
50歳代	163	71.8%	27.0%	1.2%
60歳代	244	67.2%	29.9%	2.9%
70歳代	171	70.8%	28.1%	1.2%
80歳以上	41	56.1%	39.0%	4.9%
合計	1105	61.8%	34.7%	3.5%

$\chi 2=126.882$　df=14　$p<.001$***

〈知見Ｖ-2-1〉　年代が下がるほど、差別的な発言や行動を見聞した比率は下がっている。

2-2　部落差別の社会化の実態

　次に、部落差別学習を経験した人びとのなかで、受け止め方はどうだったのかを確認します。

　部落差別学習を経験したときに「どう感じましたか」という「部落差別の社会化」として、「そのとおりと思った」「そういう見方もあるのかと思った」「とくに何も思わなかった」「反発・疑問を感じた」の4択で回答を求めています。なお、選択肢の順番を、差別に同調的な項目から反発する項目へと変更しています。

　また、以下では、「そのとおりと思った」は「賛同」、「そういう見方もあるのかと思った」は「容認」、「とくに何も思わなかった」は「無意」、

そして「反発・疑問を感じた」は「反発」と略称します。

　回答者の分布は、「賛同」15.5%、「容認」55.1%、「無意」10.5%、「反発」18.9%となっています。ちなみに、年齢が下がるほど「賛同」と「容認」の比率が低くなり、「無意」と「反発」がやや増加する結果となりました。

　次に、部落差別学習の情報提供者を「部落差別学習の情報源」ととらえて、部落差別の社会化との関連をみることにしました。家族や親戚といった身近な人が情報源であるほど、「賛同」や「容認」のような受け止め方になりやすいのではないかと推測されるからです。

　表V-2 によると、情報源としての比率はきわめて少数なのですが、「府や市町村の職員」や「学校の先生」が情報源である場合のほうが、「家族」や「親戚」が情報源となっている場合よりも「賛同」や「容認」の傾向が高いのです。「府や市町村の職員」や「学校の先生」といった、いわゆる“権威ある人”が言うのだから間違いないと受け止められたのかどうかは定かでありませんが、その影響力の大きさを真摯に受け止める必要があります。たとえ少数であっても、部落差別の解決に率先して取り組むべき立場の行政職員や教員が「部落差別学習の情報源」となると、受け手は、建前ではなく本音を聞くことができたと理解して、「賛同」したり「容認」したり

表V-2　部落差別学習の情報源と部落差別の社会化

部落差別学習の情報源	合計	部落差別の社会化			
		賛同	容認	無意	反発
家族	142	9.9%	49.3%	15.5%	25.4%
親戚	43	7.0%	60.5%	9.3%	23.3%
近所の人	104	14.4%	69.2%	9.6%	6.7%
友人	102	17.6%	52.0%	9.8%	20.6%
職場の人	76	17.1%	57.9%	9.2%	15.8%
学校の先生	6	16.7%	66.7%	16.7%	0.0%
府や市町村の職員	10	60.0%	40.0%	0.0%	0.0%
知らない人	43	14.0%	58.1%	11.6%	16.3%
マスメディア	86	19.8%	54.7%	5.8%	19.8%
その他	71	18.3%	43.7%	14.1%	23.9%
合計	683	15.5%	55.1%	10.8%	18.6%

$\chi 2=51.123$　df=27　p=.003**

しやすいのかもしれません。

〈知見Ⅴ-2-2〉　部落差別の社会化の情報源が教師や役所職員である場合、
　家族や親戚である場合よりも、賛同したり容認したりする傾向にある。

2-3　部落差別の社会化と反排除意識、反忌避意識

　表Ⅴ-3 は、部落差別の社会化の違いと反排除意識および反忌避意識との
関連を示していますが、部落差別の社会化と反排除意識、反忌避意識との
間に強い関連のあることがわかります。すなわち、「賛同」「容認」「無意」
「反発」の順に、反排除意識、反忌避意識が高くなっています。

　また、表Ⅴ-3 では、「部落差別学習の経験なし」の人びとと、「同和問題
を見聞きしたことはない」人びとの反排除意識、反忌避意識の平均値も併
記していますが、「同和問題を見聞きしたことはない」人びとの反排除意
識および反忌避意識が、「部落差別学習」を経験して「反発」を感じた人
びとの数値と同程度であることがわかります。それだけに、部落差別学習
を経験した際の受け止め方である「部落差別の社会化」が、反排除意識お
よび反忌避意識に大きく関連しているものと解釈されます。

表Ⅴ-3　部落差別の社会化の違いと反排除意識、反忌避意識との関連

部落差別の社会化		反排除意識	反忌避意識
合計	687	2.30	2.25
賛同	106	1.89	1.69
容認	377	2.19	2.07
無意	77	2.25	2.08
反発	127	2.55	2.56
統計的検定		p<.001***	p<.001***
経験したことなし	394	2.42	2.48
見聞きしたことはない	40	2.57	2.57

〈知見Ⅴ-2-3〉　部落差別の社会化としての受け止め方の違いによって反排
　除意識、反忌避意識の程度は異なる傾向にある。(〈知見Ⅰ-3-15〉p21、〈知
　見Ⅰ-4-6〉p28、〈知見Ⅱ-5-2〉p56 を参照)

さらに、表V-4は、部落差別の社会化による受け止め方は同じでも、情報源の違いによって反排除意識や反忌避意識への影響の仕方に差があるのかどうか検討したものです。

「賛同」については実数が小さいこともあり、「容認」と合わせて情報源の違いと反排除意識、反忌避意識との関連をみたところ、統計的に有意な関連がみられます。すなわち、一方で、情報源が「家族」や「親戚」である場合、他方で、「役所職員」である場合、反排除意識および反忌避意識は低い傾向を示すことがわかります。

部落差別学習を経験し、「賛同」または「容認」した人びとのなかで、家族や親戚、あるいは役所職員が情報源の場合は、他の情報源の場合よりも反排除意識、反忌避意識が低くなるものと解釈されます。

表V-4　部落差別の社会化の情報源と反排除意識、反忌避意識との関連

部落差別の社会化の情報源	部落差別の社会化「賛同」または「容認」		
	合計	反排除意識	反忌避意識
合計	482	2.1	2.0
家族	84	1.9	1.7
親戚	29	2.0	1.8
近所の人	87	2.1	2.0
友人	71	2.2	2.2
職場の人	57	2.3	2.1
学校の先生	5	2.8	2.6
府や市町村の職員	10	1.9	1.9
知らない人	31	2.3	2.3
マスメディア	64	2.2	2.1
その他	44	2.0	1.8
統計的検定		p=.003**	p=.006**

〈知見V-2-4〉　部落差別の社会化における受け止め方は同じでも、情報源の違いによって反排除意識、反忌避意識への影響が異なる。

〈コメント〉　家族や親戚、あるいは役所職員が部落差別学習の情報源となる場合、社会化として、部落差別に賛同したり、部落差別を容認したりする傾向にあり、差別意識を身につけやすいことがみえてきました。

3　同和問題学習の経験

　今度は、小学校から高校の間に、同和問題（部落差別）に関する人権学習を受けた経験の有無について知見を紹介します。

　なお、学習経験の有無については、対象者から「同和問題を知らない」人びとを除いて比較する必要があります。というのは、同和問題を知っている人びとの間で学習経験の有無による違いを比較することにより、学習効果をより正確に確認できるからです。

3-1　同和問題学習の経験と反排除意識、反忌避意識

　表Ｖ-5 は、同和問題を知っている人びとのなかで、同和問題学習の経験の有無と反排除意識および反忌避意識との関連をみたものです。

　表Ｖ-5 によると、同和問題学習の経験がある場合は、経験がない場合よりも反排除意識については統計的に有意な差があり、学習経験のある人びとのほうが、ない人びとよりも反排除意識は高いことがわかります。しかし、反忌避意識については統計的に有意な差があるとはいえません。

表Ｖ-5　同和問題学習の有無と反排除意識、反忌避意識

同和問題学習有無		反排除意識	反忌避意識
合計	1169	2.28	2.24
ない	537	2.21	2.23
ある	632	2.35	2.25
統計的検定		p=.001**	p=.717-

　続いて表Ｖ-6（次頁）は、同和問題学習の頻度と反排除意識および反忌避意識との関連をみたものです。

　同和問題学習の頻度と反排除意識との間に統計的に有意な関連が認められます。しかし、学習頻度が高いほど、おのずと反排除意識が高くなるということにはなっていません。同和問題学習が「ほぼ毎週」という人びとでは、「年に数回」あるいは「月に数回」の人びとよりも反排除意識は低

いのです。どのように解釈すべきか、この調査だけでは解釈はむずかしく、さらなる調査の機会を待つ必要があります。

反忌避意識については、統計的に有意な関連はみられません。

表V-6　同和問題学習の頻度と反排除意識、反忌避意識

同和問題学習の頻度		反排除意識	反忌避意識
合計	1169	2.28	2.24
学習経験なし	537	2.21	2.23
覚えていない	254	2.31	2.20
年に数回	249	2.40	2.31
月に数回	97	2.35	2.30
ほぼ毎週	32	2.26	2.13
統計的検定		p=.008**	p=.687-

〈知見V-3-1〉　同和問題を知っている人びとにおいて、同和問題学習を経験した人びとは、経験していない人びとよりも反排除意識は高い傾向にある。しかし、反忌避意識は高いとはいえない。

〈知見V-3-2〉　同和問題を知っている人びとにおいて、同和問題学習の頻度と反排除意識とは関連がみられるが、同和問題学習の頻度が高くなるほど、反排除意識は低くなる傾向がみられる。しかし、同和問題学習の頻度と反忌避意識とは有意な関連はみられない。

3-2　同和問題学習の内容と反排除意識、反忌避意識との関連

次に、同和問題学習の内容と反排除意識および反忌避意識との関連を検討します。

同和問題学習を経験した人びとは、おおよそ複数の内容を学んでいることから、いずれの数値も個々の学習内容単独の影響とみなすことはできません。あくまでも参考としてあげておきます。

表V-7は、同和問題学習の内容について、反排除意識および反忌避意識を点数の高いほうから低いほうへ並べ替えたものです。いちばん下に「同和問題を知らない」人びとの点数も併記しています。

表V-7では、同和問題学習のいずれの内容が反排除意識や反忌避意識の

形成に有効なのか、判断はむずかしいです。とはいえ、同和問題学習におい て、部落差別の現実を学ぶ学習と合わせて、部落差別がなぜなくならないのか、そして、どうしたら部落差別をなくすことができるのかという学習の組み合わせが一定の効果をあげることが期待できそうです。

ただ、いずれの同和問題学習の内容であっても、「同和問題を知らない」人びとの反排除意識、反忌避意識の数値を超えていないことも指摘しておきましょう。

表V-7　同和問題学習の内容と反排除意識、反忌避意識

同和問題学習の内容	対象人数	反排除意識	反忌避意識
同和問題学習経験あり	632	2.35	2.25
2 現在の部落差別の厳しさについて	166	2.49	2.50
12 なぜ部落差別がなくならないのか、その理由について	125	2.47	2.49
13 部落差別をなくす方法について	79	2.43	2.49
8 同和対策事業について	99	2.40	2.48
5 同和地区の生活の低位性、仕事の不安定性について	126	2.50	2.47
11 同和地区の生活や仕事の変化について	65	2.47	2.46
10 部落差別は解消しつつあることについて	70	2.48	2.45
9 部落解放運動について	230	2.37	2.36
3 部落差別の不当性について	252	2.44	2.35
7 就職差別について	281	2.44	2.29
1 江戸時代の身分制度について	366	2.40	2.29
6 結婚差別について	332	2.42	2.27
4 差別はしてはならないという注意	405	2.36	2.21
同和問題を知らない	40	2.57	2.57

〈コメント〉　同和問題学習に関する詳しい設問が用意されているのですが、1点、足りない設問があります。それは、同和問題学習を経験して内容を理解することができたのかどうかを問う設問です。同和問題学習を経験したとしても、理解できないままであったり、記憶に残っていなかったりすれば、学習効果があったとはいえないからです。同和問題学習の理解度の違いと反排除意識、反忌避意識との関連をみる必要があります。

4 同和問題学習における理解度と学習効果

大阪市 2020 年調査では、同和問題学習における理解度を問うています。

同和問題を学習したとしても、「理解が深まらなかった」り、「おぼえていな」かったりすれば、学習効果があったとはいえません。

同和問題学習によって同和問題についての理解が深まれば、人権意識の向上や懸念意識および忌避意識といった差別意識を弱めることにつながるのかどうかという同和問題学習の"効果"を確認する必要があります。

表Ⅴ-8 は、同和問題を知らないという人びとを除いて、同和問題を知っている人びとを対象に、同和問題をどこかの機会に学習したかどうか、学習した場合は同和問題について「理解が深まった」かどうかという同和問題学習の経験について集計したものです。

表Ⅴ-8　同和問題学習の機会

同和問題学習の機会	合計	理解が深まった	理解が深まらなかった	おぼえていない	学習したことはない	無回答
q81 小学校での授業	698	21.3%	9.5%	31.7%	25.9%	11.6%
q8.2 中学校での授業	698	16.5%	7.2%	36.0%	28.4%	12.0%
q8.3 高等学校での授業	698	9.2%	5.0%	30.1%	42.4%	13.3%
q8.4 大学・専門学校等での授業・講義	698	4.9%	2.7%	16.3%	59.7%	16.3%
q8.5 行政主催の講座・講演会・研修会	698	3.7%	2.6%	12.2%	67.6%	13.9%
q8.6 職場の研修	698	10.6%	2.3%	11.9%	62.2%	13.0%
q8.7 企業や民間団体主催の講座・講演会・研修会	698	5.7%	2.3%	11.3%	66.9%	13.8%
q8.8 書籍などを読んだ	698	19.8%	5.2%	13.3%	47.9%	13.9%
q8.9 行政が作成した資料・広報・ＳＮＳ・ホームページなどを見た	698	7.6%	6.9%	14.9%	55.6%	15.0%
q8.10 テレビ番組や映画などを観た	698	30.4%	10.0%	16.2%	29.7%	13.8%
q8.11 同和地区内の人との交流などを通じて、同和問題（部落差別）について学んだ	698	6.2%	2.3%	10.3%	66.6%	14.6%
q8.12 その他	698	3.4%	1.1%	7.4%	31.9%	56.0%

ただ、表Ⅴ-8 では、個々の学習機会ごとの、経験した人びとに占める「理解が深まった」比率がわかりません。個々の学習機会において、経験した

人びとに占める「理解が深まった」比率を、各学習機会の「**学習効果率**」
ととらえることにします。

　表V-9は、それぞれの学習機会における学習効果率を求めています。

　表V-9によると、「理解が深まった」という学習効果率は、「書籍など
を読んだ」51.7％と「テレビ番組や映画などを観た」53.7％が比較的高く、
これらは自発的な学習機会と解されます。

　他方、「小学校での授業」34.2％、「中学校での授業」27.6％、「高等学校
での授業」20.7％、「大学・専門学校等での授業・講義」20.4％などは、半
ば受動的な学習で、年数も経っていることもあり、学習効果率はさほど高
いとはいえません。

表V-9　同和問題学習の機会ごとの学習効果率

同和問題学習の機会	合計	理解が深まった	理解が深まらなかった	おぼえていない
q8.1 小学校での授業	436	34.2%	15.1%	50.7%
q8.2 中学校での授業	416	27.6%	12.0%	60.3%
q8.3 高等学校での授業	309	20.7%	11.3%	68.0%
q8.4 大学・専門学校等での授業・講義	167	20.4%	11.4%	68.3%
q8.5 行政主催の講座・講演会・研修会	129	20.2%	14.0%	65.9%
q8.6 職場の研修	173	42.8%	9.2%	48.0%
q8.7 企業や民間団体主催の講座・講演会・研修会	135	29.6%	11.9%	58.5%
q8.8 書籍などを読んだ	267	51.7%	13.5%	34.8%
q8.9 行政が作成した資料・広報・ＳＮＳ・ホームページなどを見た	205	25.9%	23.4%	50.7%
q8.10 テレビ番組や映画などを観た	395	53.7%	17.7%	28.6%
q8.11 同和地区内の人との交流などを通じて、同和問題（部落差別）について学んだ	131	32.8%	12.2%	55.0%
q8.12 その他	84	28.6%	9.5%	61.9%

〈知見V-4-1〉　同和問題学習の機会のなかで、小中高大の授業での学習効
　果率はさほど高くない。他方、「書籍を読んだ」「テレビ番組や映画など
　を観た」といった自発的な学習においては、ほかの学習機会よりも高い
　学習効果率となっている。

　同和問題学習の機会それぞれについて、どれだけの人びとが内容を理解

できているかという学習効果率は、個々の人権学習や人権啓発の効果を測定する基準として重要であるといえるでしょう。

とはいえ、大阪市 2020 年調査において、同和問題学習の理解度と反懸念意識、反忌避意識との関連について統計的に有意な結果を得ることはできていません。個々人が経験した同和問題学習のなかで、いずれの学習機会の理解度が反懸念意識、反忌避意識に影響するのか、特定することができなかったことが一因です。

〈コメント〉 同和問題学習の経験が現在の懸念意識や忌避意識とどのように関連するかという点について詳細に分析することは容易ではなく、いずれの同和問題学習が効果的かという点について、調査票の設問の仕方におけるさらなる工夫が課題といえます。

5 部落差別の社会化と同和問題学習

ふたたび、泉南市 2012 年調査に戻ります。

図 V-1（次頁）は、部落差別の社会化を経験した人びとが同和問題学習を経験すると、反排除意識および反忌避意識は改善されるのか、また、改善される場合、どの程度まで改善が期待できるのかについて分析結果を図示したものです。

まず、「同和問題を知らない」40 人の反排除意識は 2.6、反忌避意識は 2.6 です。これらの数値が、部落差別の社会化の影響や同和問題学習の影響をとらえるうえで、いずれの影響も受けていないということで基準値になります。

部落差別学習を経験した人びとのなかで、社会化として「賛同」は 106 人で、反排除意識 1.9、反忌避意識 1.7 です。「容認」は 377 人で、反排除意識 2.2、反忌避意識 1.7 です。「無意」は 77 人で、反排除意識 2.2、反忌避意識 2.1 です。「反発」は 127 人で、反排除意識 2.5、反忌避意識 2.6 です。そして、差別の社会化の「経験なし」は 394 人で、反排除意識 2.4、反忌

避意識 2.5 です。

　これらの数値から、部落差別学習を経験していない人よりも、部落差別学習を経験して「賛同」「容認」「無意」の受け止め方をした人びとでは、反排除意識も反忌避意識も低いことがわかります。「反発」の受け止め方をした場合のみ、部落差別学習を経験していない人びとよりも、反排除意識も反忌避意識も高いのです。

　では、部落差別学習を経験して、社会化として異なる受け止め方をして、その後に同和問題学習を経験すると、どの程度、反排除意識、反忌避意識は改善するのか、みてみましょう。なお、ここでは、回答者の 7 割以上が経験している「学校での同和問題学習」の経験の有無だけ紹介します。

　図 V-1 の同和問題学習の有無では、「学校での同和問題学習経験なし」と「学校での同和問題学習経験あり」の反排除意識と反忌避意識の数値を

図 V-1　部落差別の社会化経験、同和問題学習経験と反排除意識、反忌避意識

差別社会化の対応	反排除意識	反忌避意識	同和問題学習経験の有無	反排除意識	反忌避意識
賛同 106 人	1.9	1.7	学校での同和問題学習経験なし 50 人	1.8	1.8
			学校での同和問題学習経験あり 56 人	2.0	1.6
			同和問題学習が役に立った 12 人	1.9	1.8
容認 377 人	2.2	2.1	学校での同和問題学習経験なし 151 人	2.2	2.1
			学校での同和問題学習経験あり 221 人	2.2	2.0
			同和問題学習が役に立った 51 人	2.2	2.3
無意 77 人	2.2	2.1	学校での同和問題学習経験なし 35 人	2.1	1.9
			学校での同和問題学習経験あり 39 人	2.3	2.3
			同和問題学習が役に立った 5 人	2.2	2.2
反発 127 人	2.5	2.6	学校での同和問題学習経験なし 50 人	2.4	2.5
			学校での同和問題学習経験あり 56 人	**2.7**	2.6
			同和問題学習が役に立った 12 人	2.7	2.9
経験なし 394 人	2.4	2.5	学校での同和問題学習経験なし 187 人	2.3	2.4
			学校での同和問題学習経験あり 205 人	**2.5**	2.5
			同和問題学習が役に立った 25 人	2.5	2.6

部落差別の社会化経験

同和問題を知らない 40 人	2.6	2.6

注：マス目にアミをかけた数値は、統計的に有意差が認められました。

求めて、「経験なし」と「経験あり」の有意差検定を行っています。

　さらに、別の設問で「人権意識を高めるうえでとくに役に立った分野」として「同和問題」をあげた人びとについて、反排除意識と反忌避意識の数値も求めて併記しています。

　部落差別学習を経験して社会化として「賛同」「容認」「無意」の受け止め方をした人びとにおいて、「学校での同和問題学習」を経験した場合と経験していない場合とでは、反排除意識も反忌避意識も統計的に有意な差がみられておらず、改善がみられたとはいえないことがわかります。

　また、人権問題学習のなかで「同和問題学習が役に立った」という人びとにおいても、反排除意識、反忌避意識の数値が大幅に高くなっているわけではありません。

　しかも、部落差別学習を経験して「賛同」「容認」「無意」の受け止め方をした人は、その後に同和問題学習を経験しても、反排除意識、反忌避意識の数値は、部落差別学習を経験していない人びととの数値までは高くなっていないのです。

　部落差別の社会化の影響の大きさに対して、同和問題学習の影響の限界なのか、あるいは同和問題学習のあり方の問題なのか、さらなる検討が必要です。

　なお、受け止め方が「反発」である場合、あるいは「部落差別学習を経験していない」場合には、反排除意識に関しては同和問題学習の「経験あり」は「経験なし」よりも有意に数値が高くなっており、同和問題学習の効果があったことがわかります。

〈知見Ⅴ-5-1〉　部落差別学習を経験し、社会化として「賛同」「容認」「無意」という受け止め方をした人びとの場合、その後に同和問題学習を経験しても、あるいは、「同和問題学習が役に立った」と評価できる人権問題学習を経験しても、反排除意識、反忌避意識は、部落差別学習を経験していない人びとの数値にまで改善がみられていない。（〈知見Ⅰ-4-12〉p33を参照）

6　小　括

　部落差別の社会化と同和問題学習の経験が、反排除意識および反忌避意識とどのように関連するかを検討し、いくつかの重要な知見を得ることができました。

① 　部落差別の社会化における受け止め方の違いが、反排除意識、反忌避意識に影響していることが確かめられました。すなわち、受け止め方として「賛同」「容認」「無意」「反発」の順に、反排除意識、反忌避意識が高くなる傾向にあります。

② 　人権意識調査においては、差別学習の経験をとらえるだけではなく、社会化としての受け止め方を明らかにする設問が重要です。

③ 　部落差別学習の情報源として、一方で、家族や親戚といった身近な人びとの影響が大きいと同時に、他方で、もしも市職員や教師が部落差別の社会化の情報源になった場合、「賛同」や「容認」として受け止められやすいことが危惧されます。社会学でいうところの「重要な他者（significant others）」ということになります。

④ 　部落差別学習を経験して、社会化として「賛同」「容認」「無意」の受け止め方をした場合、その後に同和問題学習を経験しても、反排除意識、反忌避意識は、部落差別学習を経験していない人びとの水準まで改善しない傾向にあります。部落差別学習の影響力の大きさを強調しておきます。この知見をふまえるならば、部落差別学習の影響を社会全体としてどのように封じていくのかということが、同和問題の解消にむけた大きな課題といえるでしょう。

⑤ 　部落差別学習を経験したときに、社会化として「反発」した人びとの反排除意識、反忌避意識が高いことが確認されました。しかも、「反発」した人びとは、その後に同和問題学習を経験した場合、反排除意識については明らかに数値が高くなることが確認されました。それでは、部落差別学習を経験したときに「反発」できる人びととは、どのような人び

となのか、「反発」できるだけの力をどのように身につけることができたのかという点については、今後さらに明らかにする必要があります。

　たとえ部落差別学習を経験することがあっても「反発」できる力を培うことが、同和問題学習、人権学習の重要な課題といえるでしょう。

VI

反部落差別意識に影響する諸要因のパス解析

　これまでは、部落差別意識である排除意識（あるいは懸念意識）、および忌避意識と関連する諸要因について、いずれも2変数間の関連を検討してきました。

　それでは、「反部落差別意識」とも呼ぶべき反排除意識（あるいは反懸念意識）、および反忌避意識と関連する諸要因は、相互にどのように関連し合いながら、全体として反排除意識（あるいは反懸念意識）、および反忌避意識に影響しているのでしょうか。また、反排除意識（あるいは反懸念意識）、および反忌避意識に対して、直接的、間接的にいずれの変数（要因）が強く関連しているのでしょうか。

1　「泉南市2012年調査」におけるパス解析

　まず、「泉南市2012年調査」について、反部落差別意識の反排除意識および反忌避意識に影響する諸要因の相互連関に関する分析結果を紹介します。

1-1　人権問題に関する認識を測る尺度づくり

　反排除意識、反忌避意識に影響すると考えられる人権問題に関する認識を測る尺度は次のとおりです。

〈排除問題意識〉尺度　自分の仲間と思えない人を排除することは問題であると認識しているかどうかを測る尺度

・ホテルや旅館がハンセン病回復者などの宿泊を断ることは問題だ

・結婚する際に、興信所や探偵業者などを使って相手の身元調査を行うこ

とは問題ない（逆）

・外国人であることを理由に、マンションなど住宅の入居を拒否することは問題だ

・障がい者であることを理由に、マンションなど住宅の入居を拒否することはかまわない（逆）

・景気の悪化などを理由に、外国人労働者を解雇することは問題ない（逆）

〈多様性尊重意識〉尺度　個々人の多様な生き方を尊重する意識

・結婚しないで子どもを産んでもよい

・男同士、女同士の結婚を認めるべきだ

　これら2つの尺度について、選択肢を「そう思う」4点、「どちらかといえばそう思う」3点、「どちらかといえばそう思わない」2点、「そう思わない」1点と点数化し、回答結果の平均値を個々人の人権意識得点とします。なお、末尾に（逆）を記している項目については、点数を逆にします。

〈上記の2つの尺度の因子分析についてお知りになりたい方へ〉

　表VI-1は、人権問題に関する認識を測る尺度を構成するために、13項目について主因子法でバリマックス回転の方法によって分析を行った結果です。ここでは、因子負荷量0.3以上を有効としています。

　第1因子は、「(6) 保護者が子どものしつけのために、ときには体罰を加えることも必要だ（逆）」と「(11) 教師が子どもの指導のために、体罰を加えることは問題だ」の2項目が高い因子負荷量であることから、第1因子を子どもへの体罰を問題視する意識と解釈し、「体罰問題意識」因子と名づけることにします。第2因子は、5項目が高い因子負荷量となっており、「排除問題意識」因子と名づけることにします。また、第3因子は、2項目が高い因子負荷量となっており、「多様性尊重意識」因子と名づけることにします。

　これら 3 因子について、クロンバックの信頼性係数をみると、経験的な目安となる 0.7 よりもやや低いのですが、「大阪府 2010 年調査」「大阪市 2010 年調査」と同様の因子が析出されたことに鑑み、尺度として用いることとします。

　「体罰問題意識」の平均値は 2.4、標準偏差 0.9、「排除問題意識」の平均値は 3.1、標準偏差 0.6、「多様性尊重意識」の平均値は 2.1、標準偏差 0.9 です。

表Ⅵ-1　個々の人権問題に関する基本的な認識状況に関する因子分析

個々の人権問題に関する認識	第1因子	第2因子	第3因子
（6） 保護者が子どものしつけのために、ときには体罰を加えることも必要だ（逆）	**0.866**	0.117	0.042
（11） 教師が子どもの指導のために、体罰を加えることは問題だ	**0.511**	0.100	0.026
（3） 外国人であることを理由に、マンションなど住宅の入居を拒否することは問題だ	0.029	**0.537**	0.095
（1） ホテルや旅館がハンセン病回復者などの宿泊を断ることは問題だ	0.002	**0.512**	0.059
（13） 景気の悪化などを理由に、外国人労働者を解雇することは問題ない（逆）	0.112	**0.423**	0.028
（2） 結婚する際に、興信所や探偵業者などを使って相手の身元調査を行うことは問題ない（逆）	0.189	**0.353**	0.012
（4） 障がい者であることを理由に、マンションなど住宅の入居を拒否することはかまわない（逆）	0.041	**0.309**	-0.040
（12） 男同士、女同士の結婚を認めるべきだ	0.098	0.076	**0.669**
（7） 結婚しないで子どもを産んでもよい	-0.024	0.006	**0.536**
寄与率	11.9%	10.9%	8.4%
累積寄与率	11.9%	22.8%	31.1%
クロンバックの信頼性係数	0.622	0.536	0.527
因子解釈	体罰問題意識	排除問題意識	多様性尊重意識

因子抽出法: 主因子法　回転法: Kaiser の正規化を伴うバリマックス法

〈コメント〉「体罰問題意識」についても尺度を構成したのですが、反排除意識、反忌避意識と関連が高いとはいえないことから、以下の分析では省いています。しかし、「体罰問題意識」に関して重要な知見が得られたので指摘しておきます。

　すなわち、「体罰問題意識」の低い人ほど、「子どもが３歳くらいまでは母親の手で育てるべきだ」と考える傾向にあるのです。子どもが３歳くらいまでは母親の手で育てるべきだと考えている保護者ほど、子どものしつけのために、ときには体罰を加えることも必要だと考えているとすれば、まさに自宅が児童虐待の温床となっても不思議ではないのです。また、「子どもが３歳くらいまでは母親の手で育てるべきだ」という考えは、性別役割分業を容認する意識であり、男女不平等な関係を容認する意識とみなすことができます。そうであれば、男女不平等な関係を容認する人ほど、子どもへの体罰を容認する傾向にあるとの解釈にもなります。性別役割分業を容認する意識や男性優位を容認する意識については、泉南市 2012 年調査では尺度を構成することができなかったことから、この点については第Ⅶ章でさらに検討を行います。

〈知見Ⅵ-1-1〉　男女とも、「子どもが３歳くらいまでは母親の手で育てるべきだ」と、「保護者が子どものしつけのために、ときには体罰を加えることも必要だ」との間には統計的に有意な関連がある。

1-2　人権意識・差別意識を測る尺度づくり

　因子分析の結果、構成した人権意識・差別意識を測る尺度は次のとおりです。

〈差別解消・行政期待意識〉尺度　差別をなくすために、行政の努力を期待する意識を測る尺度
・人権問題を解決するため、行政は努力する必要がある
・差別を受けてきた人に対しては、格差をなくすために行政の支援が必要だ

・差別は法律で禁止する必要がある

・人権問題の解決には、行政だけでなく、民間の団体と一緒になって取り
　組むことが必要である

〈被差別者責任否定意識〉尺度　差別は差別される側の人びとに責任があ
　るという考え方を否定する意識を測る尺度

・差別されている人は、まず、自分たちが世の中に受け入れられるよう努
　力することが必要だ（逆）

・差別に対して抗議や反対をすることによって、より問題が解決しにくく
　なることが多い（逆）

・差別だという訴えを、いちいち取り上げていたらきりがない（逆）

・差別の原因には、差別される人の側に問題があることも多い（逆）

〈個の権利尊重意識〉尺度　個人の権利よりも全体の利益を優先すべきと
　いう考え方を否定する意識を測る尺度

・権利ばかり主張して、がまんすることのできない者が増えている（逆）

・学校では、権利より、義務を果たすことを教えるべきだ（逆）

・個人の権利より、地域のみんなの利益が優先されるべきだ（逆）

＊〈個の権利尊重意識〉尺度については、信頼性を高めるよう項目の工夫が必要です。

　これら３つの尺度について、選択肢を「そう思う」４点、「どちらかと
いえばそう思う」３点、「どちらかといえばそう思わない」２点、「そう思
わない」１点と点数化し、回答結果の平均値を個々人の人権意識得点とし
ます。なお、末尾に（逆）を記している項目については、点数を逆にします。

　回答者全体では、「差別解消・行政期待意識」は平均値 3.1、標準偏差 0.6、
「被差別者責任否定意識」は平均値 2.3、標準偏差 0.7、「個の権利尊重意識」
は平均値 1.9、標準偏差 0.6 となります。

〈上記の２つの尺度の因子分析についてお知りになりたい方へ〉
人権や差別について問う 15 項目への回答をもとに、人権や差別に

関する考え方の尺度を作成するために、因子分析の手法を用いて、主
因子法でバリマックス回転を行いました。表VI-2 は、分析を何度か
繰り返した最終の分析結果です。

人権についての考え方	第1因子	第2因子	第3因子	共通性
（2）差別を受けてきた人に対しては、格差をなくすために行政の支援が必要だ	**0.701**	0.062	0.105	0.506
（1）人権問題を解決するため、行政は努力する必要がある	**0.649**	0.03	0.049	0.424
（9）人権問題の解決には、行政だけでなく、民間の団体と一緒になって取り組むことが必要である	**0.591**	0.091	0.011	0.358
（5）差別は法律で禁止する必要がある	**0.418**	0.13	-0.011	0.191
（7）差別の原因には、差別される人の側に問題があることも多い（逆）	0.147	**0.723**	0.178	0.576
（3）差別されている人は、まず、自分たちが世の中に受け入れられるよう努力することが必要だ（逆）	-0.049	**0.609**	0.199	0.413
（6）差別だという訴えを、いちいち取り上げていたらきりがない（逆）	0.351	**0.508**	0.232	0.436
（4）差別に対して抗議や反対をすることによって、より問題が解決しにくくなることが多い（逆）	0.222	**0.453**	0.23	0.307
（12）学校では、権利より、義務を果たすことを教えるべきだ（逆）	0.096	0.129	**0.776**	0.628
（11）権利ばかり主張して、がまんすることのできない者が増えている（逆）	0.066	0.215	**0.431**	0.236
（14）個人の権利より、地域のみんなの利益が優先されるべきだ（逆）	-0.033	0.173	**0.405**	0.195
寄与率	15.0%	13.5%	10.4%	
累積寄与率	15.0%	28.4%	38.8%	
クロンバックの信頼性係数	0.680	0.722	0.568	
因子解釈	差別解消・行政期待意識	被差別者責任否定意識	個の権利尊重意識	

表VI-2　人権についての考え方・因子分析

＊ 主因子法　バリマックス回転

　第1因子には、4項目が高い因子負荷量を示したことから、「差別解消・行政期待意識」因子と名づけます。クロンバックの信頼性係数は 0.68 であり、尺度を作成することに問題ないと判断されます。第2因子には、4項目が高い因子負荷量を示したことから、「被差別者責任否定意識」因子と名づけます。クロンバックの信頼性係数は 0.722 であり、尺度を構成することができると判断されます。第3因子には、3項目が高い因子負荷量を示したことから、「個の権利尊重意識」因子と名づけます。クロンバックの信頼性係数は 0.568 であり、十分に高い数値とはいえないのですが、次善策として尺度化を行っています。

1-3　同和問題についての考え方を測る尺度づくり

　同和問題についての考え方を測る尺度は、次のとおりです。

〈反マイナス・イメージ〉尺度　同和地区のマイナス・イメージを否定する意識を測る尺度
・地区外の人に対して、閉鎖的な意識をもった人が多い（逆）
・なにか問題が起こると、集団で行動することが多い（逆）
・同和問題を口実に、不当な利益を得ようとしている個人や団体がいる（逆）
・いまでも行政から特別な扱いを受け、優遇されている（逆）

　選択肢を「そう思う」1点、「どちらかといえばそう思う」2点、「どちらともいえない」3点、「どちらかといえばそう思わない」4点、「そう思わない」5点と点数化し、4項目への回答の平均値を個々人の人権意識得点とします。

〈上記の尺度の因子分析についてお知りになりたい方へ〉

　同和問題についての意見を問う7項目への回答をもとに尺度を構成するために、因子分析の手法を用いて、主因子法によるバリマックス回転を行いました。表Ⅵ-3は、因子分析の最終的な結果です。

表Ⅵ-3　同和問題についての考え方・因子分析

同和問題についての考え方	第1因子	第2因子	共通性
（2）なにか問題が起こると、集団で行動することが多い（逆）	**0.728**	0.024	0.530
（6）いまでも行政から特別な扱いを受け、優遇されている（逆）	**0.673**	-0.055	0.456
（4）同和問題を口実に、不当な利益を得ようとしている個人や団体がいる（逆）	**0.629**	-0.094	0.404
（1）地区外の人に対して、閉鎖的な意識を持った人が多い（逆）	**0.597**	0.160	0.382
（3）同和地区では、高齢者や障がい者への生活支援など、同和問題以外の人権問題にも積極的な取組みが進められている	-0.268	**0.637**	0.477
（5）同和地区の人々が地域外の人々との交流に力を入れている	0.211	**0.451**	0.248
寄与率	30.9%	10.8%	
累積寄与率	30.9%	41.6%	
クロンバックの信頼性係数	0.747	0.377	
因子解釈	**反マイナス・イメージ**		

因子抽出法: 主因子法　　回転法：バリマックス回転法

　第1因子には、4項目が高い因子負荷量を示しており、クロンバックの信頼性係数は0.747であって、尺度を構成するうえで問題ないと解釈されます。因子の意味を解釈して、同和地区のマイナス・イメージを否定する考え方という意味で、「反マイナス・イメージ」と名づけることにします。

　第2因子には、2項目が高い因子負荷量を示していますが、ただ、クロンバックの信頼性係数を求めたところ、0.377と低く、これら2

変数から尺度を構成することは妥当でないと判断しました。

1-4　部落差別との向き合い方

部落差別との向き合い方について、以下のような尺度を構成しました。

〈結婚差別予測（逆）〉尺度　部落差別が近い将来なくなると考えているか
　どうかを測る尺度
・「なくすのは難しい」1点、「わからない」2点、「反対されることがあるが、
　なくせる」3点、「ほとんど反対されることはない」4点

〈同和地区の人びととのかかわり〉尺度　同和地区の人びととのかかわり
　の程度によって、次のような尺度を構成しました。
・「いない、またはわからない」1点、「親しいとはいえないが、いる」2点、
　「親しく付き合っている人がいる」3点、「家族・親族がいる」4点

　表は省略しますが、同和地区の人びとと活動を共にしたことのある人び
とほど、反排除意識も反忌避意識も高い傾向にあるという結果になりまし
た。また、部落差別があることを知っていて、これまで「同和地区の人び
ととのかかわりがまったくない」という人びとにおいて、同和地区や同和
地区出身の人びとを排除したり、忌避したりする傾向にあることがみえて
きました。

〈知見Ⅵ-1-2〉　同和地区の人びとと活動を共にしたことがある人びとほ
ど、反排除意識も反忌避意識も高い傾向にある。（〈知見Ⅰ-3-18〉p22、〈知見
Ⅱ-4-7〉p55を参照）

1-5　人権にかかわる諸変数から反排除意識、反忌避意識へのパス解析

　これまで検討を行ってきた基本的属性、人権意識、差別意識、部落差別の社会化、部落問題学習などすべての変数（要因）と反排除意識、反忌避意識との関連をみるために、多変量解析におけるパス解析を行った結果を紹介します。パス解析とは、変数間の因果関係や相関関係の道筋を示すパス（path）図を描いて、変数間の関係を明らかにする分析手法です（小塩2020）。

　なお、分析の対象者は、同和問題を知っている人に限定しています。そのため、同和問題を知らない人は分析から省いています。

　反排除意識は、第V章で取り上げた「反排除意識」であり、結婚相手が同和地区出身者の場合に「問題にしない」3点、「親として反対だが子どもの意志が固ければ仕方ない」2点、「考え直すように言う」1点と尺度化したものです。

　反忌避意識は、住宅を選ぶ際に「同和地区の地域内である」ことを「避けると思う」1点、「どちらかといえば避けると思う」2点、「どちらかといえば避けないと思う」3点、「まったく気にしない」4点と尺度化したものです。

　「部落差別の社会化（逆）」は、部落差別の社会化における受け止め方として「賛同」1点、「容認」2点、「無意」3点、「経験したことなし」4点、「反発」5点と尺度化します。

　「同和問題学習の経験」は、これまでに、いずれかの機会に、同和問題学習を経験したか否かを尺度とし、「経験あり」2点、「経験なし」は1点と点数化しています。

　パス解析を行うために、SPSS の Amos という統計ソフトを用いました。

　この統計ソフトを用いるうえで、1変数でも無回答の対象者はすべて分析から省いています。その結果、最終的な対象者は847人となりました。

　図VI-2（128頁）のモデル図において関連の低い変数や矢印を削除して、最終的に図VI-1を得ました。図の数値は影響力の大きさを示しています。

図Ⅵ-1　パス解析の結果

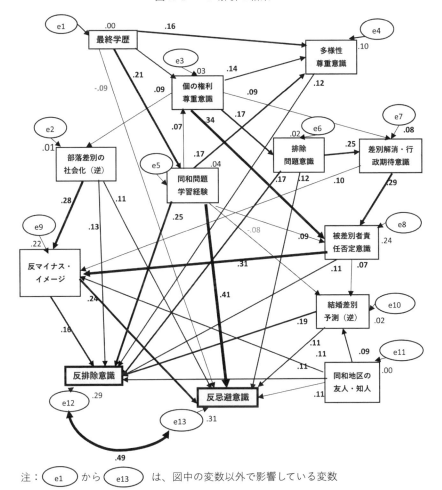

注： e1 から e13 は、図中の変数以外で影響している変数

また、影響力の大きさに応じて矢印の線の太さを変えています。なお、変数間の関連の方向については、双方向の関連が考えられる箇所も少なくないのですが、一方向しか矢印が引けないことをお断りしておきます。

図Ⅵ-1 は、モデルの適合度をみる指標である CMIN/DF ＝ 8.398、CFI

= .786、RMSEA = .094 であることから、適合度が十分とはいえないのですが、これ以上、適合度を上げることはできないと判断しました。

　図Ⅵ-1 は、モデルの適合性については課題があるのですが、図Ⅵ-1 から読み取れる知見は少なくありません。

①　反排除意識、反忌避意識に直接的な影響が大きいのは、同和問題学習の経験である。小中高のどこかで同和問題学習を受けたかどうかが、反排除意識、反忌避意識に関連していると解される。

②　反排除意識に対しては、結婚差別予測（逆）、反マイナス・イメージ、部落差別の社会化（逆）が関連している。すなわち、結婚差別は近い将来なくすことができると考えていること、同和地区についてマイナス・イメージが低いこと、部落差別学習を経験していないか、部落差別学習を経験しても、反発できることである。そして、多様性尊重意識、排除は問題であるという排除問題意識も関連している。

③　結婚差別予測（逆）に対して、同和問題学習の経験が逆の関連にあることに注意が必要である。すなわち、同和問題学習の内容によっては、結婚差別は近い将来なくすことはむずかしいとの考え方につながり、そのような悲観的な予測が反忌避意識を低下させるものと解釈される。

④　反忌避意識に対しては、結婚差別予測（逆）、排除問題意識、部落差別の社会化（逆）が関連している。しかし、最終学歴とは逆の関連になっている点を押さえておきたい。すなわち、学歴が高いほど、反忌避意識は低い傾向にある。

⑤　個の権利尊重意識は、同和問題学習の経験と関連するが、多様性尊重意識とも関連し、何より被差別者責任否定意識と強い関連のあることがわかる。そして、個の権利尊重意識は、部落差別の社会化（逆）とも関連している。すなわち、個の権利尊重意識が高いほど、部落差別は差別される側の人びとに責任があるのではないと理解していること、差別することは許されないという価値観を育むことになりやすいと解釈される。

⑥　同和地区の反マイナス・イメージに対して、被差別者責任否定意識、

部落差別の社会化（逆）、同和地区の友人・知人がいることが関連している。すなわち、部落差別は差別される側の人びとに責任があるのではないと認識できている人ほど、同和地区への間違った偏見をもたない傾向にあるといえる。また、部落差別学習を経験していないか、部落差別学習に対して反発できる人ほど、同和地区への間違った偏見をもたない傾向にあるといえる。そして、実際に同和地区に友人・知人のいる人は、同和地区に対して間違った偏見をもたない傾向にあると解される。

〈コメント〉　部落差別の社会化と同和問題学習の両方を経験した場合にどうなるかという点については、部落差別の社会化による排除意識と忌避意識を強める直接の影響と、同和地区のマイナス・イメージの形成を介して排除意識と忌避意識を強める影響とが、同和問題学習の経験による反排除意識と反忌避意識を高める影響を相殺するものと考えられます。

1-6　考察

　これらの知見から、同和問題の解決にむけた人権学習や人権啓発の課題がみえてきます。

1　同和問題学習が反排除意識および反忌避意識に大きな影響をもっていることが確認されたことは重要です。

2　しかし、同和問題学習を重ねるほど、部落差別は近い将来なくすことはむずかしいという考えをいだく傾向にもあり、そのような結婚差別予測が反排除意識にも反忌避意識にもマイナスに影響しているのです。同和問題学習が、部落差別は近い将来なくすことはむずかしいという考え方になぜつながりうるのかという考察が必要なのですが、逆をいえば、同和問題学習において、いかにすれば部落差別をなくすことができるかという積極的なメッセージを伝えるような内容が期待されるのではないかと考えられます。

3　部落差別の社会化（逆）が反排除意識および反忌避意識と関連していることから、部落差別学習をいかに封じていくかが課題であるとともに、

部落差別学習を経験したときに、それに反発できる力を培うことが、人権学習や人権啓発に期待されます。

4 同和地区に友人・知人がいるという人びとと、これまで同和地区の人びととと一緒にイベントなどを行ったという人びとでは、反排除意識、反忌避意識が、そうでない人びとよりも高いという結果をふまえるならば、さまざまな機会に同和地区の人びととかかわりをもつことが、同和地区や同和地区出身の人びとに対する差別意識や偏見を弱くしていくことになるものと期待されます。

5 同和問題学習に限らず、人権学習や人権啓発において、個の権利を尊重する意識や多様性尊重意識を高めることができるような内容や方法を工夫することが重要といえます。

〈Amos の分析手順についてお知りになりたい方へ〉

図VI-1 の図をいきなり描くことができたわけではありません。

まず、表VI-4 のように、さまざまな人権意識と反排除意識、反忌避意識との関連を確認するために単相関係数を求めます。なお、表VI-4 では、「体罰問題意識」など、反排除意識、反忌避意識と関連の弱かった人権意識は省いています。

次に、表VI-4 を参考に、反排除意識、反忌避意識への影響をとらえるパス解析のためのモデル図VI-2 (128 頁) を描き、この図について SPSS の Amos によって分析を行いました。できるだけモデル図としての適合度が高くなるように、モデル図を修正しながら分析を繰り返した最終的な結果が図VI-1 です。

表Ⅵ-4　変数相互の単相関

	反排除意識	反忌避意識	排除問題意識	多様性尊重意識	差別解消・行政期待意識	被差別者責任否定意識	個の権利尊重意識	同和問題学習経験	反マイナス・イメージ	結婚差別予測（逆）	部落差別の社会化（逆）	同和地区の友人・知人	最終学歴
反排除意識	1												
反忌避意識	.567**	1											
排除問題意識	.283**	.218**	1										
多様性尊重意識	.248**	.164*	.064*	1									
差別解消・行政期待意識	.150**	.148**	.235**	0.056	1								
被差別者責任否定意識	.284**	.232**	.318**	.172**	.259**	1							
個の権利尊重意識	.125**	.113*	.184**	.187**	.067*	.390**	1						
同和問題学習経験	.123**	0.03	.064*	.217**	-0.011	.096**	.109**	1					
反マイナス・イメージ	.278**	.322**	.195**	0.021	.231**	.350**	.170**	-.101**	1				
結婚差別予測（逆）	.181**	.151**	0.049	-0.003	0.052	0.063	.064*	-.061*	0.041	1			
部落差別の社会化（逆）	.231**	.247**	0.051	.069*	.151**	.125**	.104**	.093**	.354**	0.01	1		
同和地区の友人・知人	.130**	.138**	0.043	.062*	0.008	0.021	-0.04	0.036	0.042	.096**	-.180**	1	
最終学歴	0.037	-.061*	0.028	.225**	0	.169**	.128**	.206**	-.085**	0.033	-.089**	-0.016	1

** 相関係数は 1% 水準で有意（両側）です。

* 相関係数は 5% 水準で有意（両側）です。

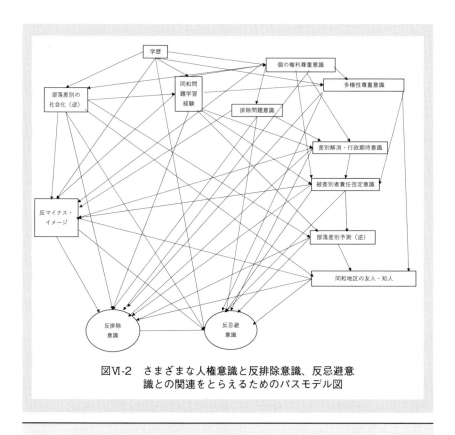

図Ⅵ-2　さまざまな人権意識と反排除意識、反忌避意
識との関連をとらえるためのパスモデル図

2　「大阪市2020年調査」におけるパス解析

　次に、「大阪市2020年調査」における、反懸念意識および反忌避意識に
影響する諸要因（変数）のパス図を描いて、パス解析を行った結果を紹介
します。

2-1　人権にかかわる諸変数から反懸念意識、反忌避意識へのパス解析

　まず、分析に用いる変数について概説しましょう。
　「年齢」は、「20歳代」1、「30歳代」2、「40歳代」3、「50歳代」4、「60
歳代」5、「70歳代以上」6と順序尺度にします。なお、10歳代については、

回答者が極端に少ないために分析から省いています。

　「学歴」は、「中学校」1、「高等学校」2、「短大・専門学校」3、「大学、大学院」4と順序尺度にしています。「その他」は分析から省いています。

　「部落差別学習の経験」は、部落差別を肯定する意識を助長する言葉や行為をはじめて見聞したきっかけに関する変数です。「部落差別学習の経験」のなかで、「家族や親せきの話で知った」「学校の同級生などの話で知った」「自分の身近で部落差別があった」という経験をした場合、ほかの差別学習の経験をした場合よりも、また、部落差別学習の経験がない場合よりも懸念意識も忌避意識も強い傾向にあることから、ここでの分析では、「家族や親せきの話で知った」「学校の同級生などの話で知った」「自分の身近で部落差別があった」場合を「直接的部落差別の経験あり」1とします。その他の部落差別学習の経験がある場合は「間接的差別学習の経験あり」2とし、差別学習の経験がない場合は「経験なし」3、同和問題を知らない場合は「同和問題を知らない」4と順序尺度にしています。

　「同和問題理解度」は、同和問題について学習して理解が深まったという回答がされた回数をカウントし、「0回」0、「1回」1、「2回」2、「3回」3、「4回以上」4と順序尺度にしています。

　「差別解消・行政期待意識」「差別解消・理解意識」「差別非許容意識」「被差別者責任否定意識」「寝た子を起こすな否定意識」は1〜5の順序尺度です。

　「結婚差別予測」は、結婚についての差別を近い将来なくすことができると思うかどうかについて、「現在も残っており、近い将来もなくすことが難しい」1、「現在も差別は残っているが、近い将来なくすことができる」2、「わからない」3、「現在すでに差別はなくなっている」4と順序尺度にしています。なお、就職についての差別の予測についても設問があるのですが、懸念意識との関連を検討するうえでも、結婚についての差別に関する変数のみを用いることにします。

　「差別されるおそれ意識」は、「そう思う」1、「わからない」2、「そうは思わない」3と順序尺度にしています。

　「反懸念意識」は、結婚を考える際に相手が同和地区出身かどうかを気にするかどうかについて、「気にする」1、「気にしない」2としています。

　そして、「反忌避意識」については、住宅を選ぶ際に「同和地区の地域内である」と「小学校区が同和地区と同じ区域にある」に強い関連があることがわかっており、変数の数を限定するねらいもあり、「同和地区の地域内である」に限定します。すなわち、住宅を選ぶ際に同和地区の地域内である物件を「避けると思う」1、「どちらかといえば避けると思う」2、「わからない」3、「どちらかといえば避けないと思う」4、「避けないと思う」5と順序尺度にしています。

　なお、いずれの変数も数値が高いほど人権意識が高いことを意味するように、「部落差別学習の経験」「結婚差別予測」「差別されるおそれ意識」については、語尾に（逆）を付しておきます。

　パス解析においては、回答者のなかから、同和問題を知らない人と、いずれかの問に無回答の人を分析から省いています。

　図VI-3は、SPSSの統計ソフトAmosを用いてパス解析を行った最終の分析結果です。実際には、上記の変数を用いてパス解析を行い、分析における適合度が低い場合に、統計的に関連があるとはいえない変数や矢印を削除して分析をやり直して、最終的に得られた図です。対象者数は555人です。

　ちなみに、パス解析を行う過程で「差別解消・行政期待意識」「寝た子を起こすな否定意識」は、「反懸念意識」および「反忌避意識」に対して有意な関連があるとはいえないことから、最終的な分析では省いています。

　図中の矢印は、学歴と反忌避意識との関連を除いて、5％水準で有意な関連となっています。数値は標準化係数を示しています。参考までに、適合度指標はCMIN/DF = 1.907、CFI = .946、RMSEA = .040であり、経験的に十分な適合を示していると解釈されます。

　図VI-3について、次のように解釈することができます。

① 「反懸念意識」に対して、関連の強いものから順に「結婚差別予測（逆）」「差別されるおそれ意識（逆）」「差別解消・理解意識」「部落差別

学習の経験（逆）」「被差別者責任否定意識」が影響している。

② 「反忌避意識」に対して、関連の強いものから順に「差別されるおそれ意識（逆）」「結婚差別予測（逆）」「部落差別学習の経験（逆）」「差別解消・理解意識」「被差別者責任否定意識」「同和問題理解度」が影響している。「学歴」との関連は、5％水準ではないが、逆の関連にある。すなわち、学歴が高いほど「反忌避意識」は弱くなることを意味している。

図Ⅵ-3　反懸念意識と反忌避意識に関するパス解析結果

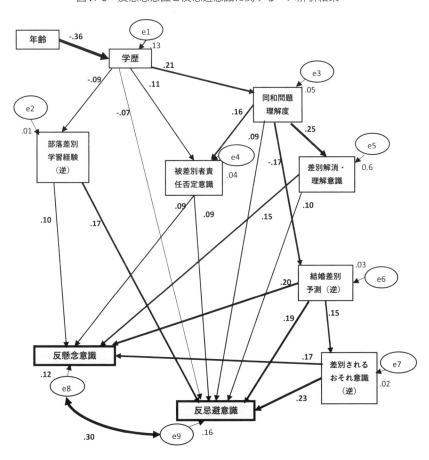

注：ⓔ1からⓔ9は、図中の変数以外で影響している変数

③　「差別されるおそれ意識（逆）」には、「結婚差別予測（逆）」が影響している。

④　「結婚差別予測（逆）」は、「同和問題理解度」と逆相関している。すなわち、同和問題の理解度が高いほど、結婚差別は近い将来もなくすことはむずかしいと考える傾向にある。

⑤　「被差別者責任否定意識」には、「同和問題理解度」と「学歴」が関連している。

⑥　「同和問題理解度」には、「学歴」が関連している。

⑦　「学歴」と「部落差別学習の経験（逆）」は逆相関しており、「学歴」が高いほど「部落差別学習の経験（逆）」は低くなり、部落差別学習を経験していることを意味する。すなわち、学歴が高いほど、差別行為をしたり、差別を助長するような情報を身近な人から聞いている傾向にある。

⑧　「反懸念意識」と「反忌避意識」との関連は相当に高いといえる。

2-2　考　察

　パス解析の結果から、今後の人権学習や人権啓発の課題がみえてきました。

1　部落差別学習の経験がない場合は、結婚などの相手が同和地区出身かどうか気にしないという反懸念意識が高く、また、住宅を選ぶ際に同和地区を避けないという反忌避意識も高いことが確認されました。このことから、子どもたちに部落差別を肯定する言動を見聞させたり、部落差別をするように促したり、部落差別を助長するような噂などを教えたりしなければ、懸念意識も忌避意識も身につける可能性は低くなるものと解釈されます。

2　部落差別は差別されている人の側に責任があるという考えや部落差別は差別される人びとが解決すべき問題であるという考え方を否定する「被差別者責任否定意識」や、同和地区の人びとと交流したり、同和地区の人びとの話を聴いたりすることが必要という「差別解消・理解意識」

が高いほど、反懸念意識も反忌避意識も高い傾向が認められました。

3　今回のパス解析で明らかになった重要な１点として、「反懸念意識」にも「反忌避意識」にも、「差別されるおそれ意識（逆）」が強い関連のあることです。とりわけ「反忌避意識」に対して、「差別されるおそれ意識（逆）」はもっとも強い影響を及ぼしています。そして、「差別されるおそれ意識（逆）」に影響を及ぼしている変数は、「結婚差別予測（逆）」、すなわち、結婚などにおける部落差別は近い将来もなくすことがむずかしいと考えるかどうかの予測です。このことは、近い将来も結婚などにおける部落差別をなくすことはむずかしいと予測する人びとほど、同和地区や地区出身の人びととかかわると自分も差別されるかもしれないというおそれをいだく傾向にあることを意味しています。そして、差別されるおそれ意識が懸念意識や忌避意識につながるということです。

4　「反懸念意識」に対しては「結婚差別予測（逆）」がもっとも強い影響力を有しています。ここで注意しなければならない点は、「結婚差別予測（逆）」に対して「同和問題理解度」が逆の関連をしており、「同和問題理解度」が高いほど「結婚差別予測（逆）」が下がる傾向にあることです。同和問題について学習し「理解できた」という人びとほど、近い将来、結婚などにおける部落差別をなくすことはむずかしいと予測する傾向にあるということです。

　　「同和問題理解度」は、一方で、「差別解消・理解意識」や「被差別者責任否定意識」を高め、他方では、「結婚差別予測（逆）」でマイナスの影響を及ぼしているという実態が明らかになりました。これらの結果から、同和問題（部落差別）の学習によって「理解が深まった」としても、どのような内容について「理解が深まった」のかという点が問われる必要があるといえます。

5　「反忌避意識」については、学歴と弱い逆の関連があり、学歴が高いほど「反忌避意識」が低い傾向を読み取れます。すなわち、学歴が高いほど、住宅を選ぶ際に同和地区や校区に同和地区のある地域を避ける傾向にあるということです。正直なところ、この問題の解決は人権学習や人

134

権啓発だけでは限界があるといわざるをえません。

〈Amos の分析手順についてお知りになりたい方へ〉

パス解析に先立って、まず変数相互の単相関係数を求めます。

パス図を描くことに先立って、表Ⅵ-5（次頁）は、変数相互の単相関係数を求めたものです。

表Ⅵ-5 の単相関表において、反懸念意識および反忌避意識と直接的、間接的に関連が認められる変数に限ってモデル図を描いたものが、図Ⅵ-4 になります。

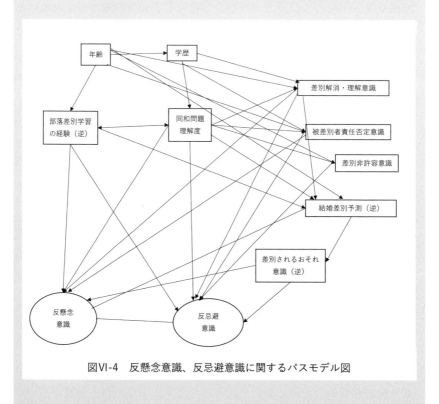

図Ⅵ-4　反懸念意識、反忌避意識に関するパスモデル図

表VI-5　単相関

	年齢	学歴	部落差別学習の経験（逆）	同和問題理解度	結婚差別予測（逆）	差別されるおそれ意識（逆）	反排除意識	反忌避意識	差別解消・行政期待意識	差別解消・理解意識	差別非許容意識	被差別者責任否定意識	寝た子を起こすな否定意識
年齢	1												
学歴	-.366**	1											
部落差別学習の経験（逆）	0.01	-0.077	1										
同和問題理解度	-0.085	.229**	-0.058	1									
結婚差別予測（逆）	.108*	-0.079	.142**	-.181**	1								
差別されるおそれ意識（逆）	0.08	-0.02	0.056	0.048	.128**	1							
反排除意識	-0.024	0.026	.135**	0.004	.219**	.211**	1						
反忌避意識	0.026	-0.067	.222**	0.053	.235**	.276**	.416**	1					
差別解消・行政期待意識	.088*	0.024	0.005	.160**	-0.091	-0.084	0.079	.140**	1				
差別解消・理解意識	-.086*	.108*	-0.03	.268**	-.128**	0.038	.137**	.120**	.485**	1			
差別非許容意識	.092*	0.028	0.027	.184**	-0.024	0.052	0.053	.120**	.411**	.330**	1		
被差別者責任否定意識	-.187**	.142**	-0.012	.196**	-0.066	0.054	.098*	.100*	0.016	0.049	0.011	1	
寝た子を起こすな否定意識	-.111*	.156**	-0.073	.160**	-.090*	0.041	0.056	0.065	.109*	.323**	.121**	.282**	1

** 相関係数は 1% 水準で有意（両側）です。
* 相関係数は 5% 水準で有意（両側）です。

3 小 括

　本章では、2つのパス解析を紹介しています。2つのパス解析は、分析に用いた変数が完全に同じというわけではありませんので、単純に比較したり、共通の知見をより一般化したりするには慎重でなければなりません。

　しかし、2つのパス解析によって、これまで明らかにできていなかったような、「反排除意識」（または「反懸念意識」）、「反忌避意識」の形成メカニズムがみえてきました。

① 「個の権利尊重意識」→「被差別者責任否定意識」→「反マイナス・イメージ」→「反排除意識」と「反忌避意識」が確認されました。

② 「部落差別学習の経験（逆）」または「部落差別の社会化（逆）」→「反マイナス・イメージ」→「反排除意識」と「反忌避意識」が確認されました。

　大阪市 2020 年調査における「部落差別学習の経験（逆）」と泉南市 2012 年調査における「部落差別の社会化（逆）」が同様の分析結果になりました。この点について、推測の域を出ませんが、親族や友人、近所の人びとによる、部落差別を肯定する意識を助長するような言動を直接に見聞すると、多くの場合、賛同や容認といった受け止め方をすることで、排除意識、あるいは、懸念意識や忌避意識の形成のきっかけになる可能性が高いと推察されます。

③ 「同和問題学習の経験」→「反排除意識」と「反忌避意識」の関連について、泉南市 2012 年調査では強い関連が認められたのですが、大阪市 2020 年調査では、「同和問題理解度」と「反懸念意識」「反忌避意識」に同様の強い関連は認められませんでした。理由は定かではありませんが、両調査の間に8年の開きがあり、同和問題学習の経験が大きく減少してきたことも一因といえるかもしれません。

④ 「同和問題学習の経験」または「同和問題理解度」→「結婚差別予測（逆）」→「反排除意識」と「反忌避意識」が確認されました。

　　同和問題学習における気になる影響については、両調査で共通の結果となりました。

⑤　「結婚差別予測（逆）」→「差別されるおそれ意識（逆）」→「反忌避意識」と「反懸念意識」が確認されました。

⑥　大阪市 2020 年調査では、当初、結婚相手などを考える際に「同和地区出身者かどうか」が「気になること（なったこと）」という回答のみでは、結婚相手として選ばないという判断をするのかどうかはわからず、結婚相手として排除するという「排除意識」とまではみなせないと解釈していました。しかし、パス解析の結果から、「懸念意識」を「排除意識」ととらえても差し支えないのではないかと考えています。すなわち、「反懸念意識」と「反忌避意識」との間に相当に強い関連のあることがわかったからであり、また、「反懸念意識」には、「反忌避意識」と同様に「結婚差別予測（逆）」「差別されるおそれ意識（逆）」「部落差別学習の経験（逆）」の影響が確認されたからです。さらに、大阪市 2020年調査の「反懸念意識」と、泉南市 2012 年調査の「反排除意識」との間で、それぞれのパス解析において非常によく似た傾向が認められたのです。むしろ、「反排除意識」を測定するために、設問として「結婚を考える相手が同和地区出身者とわかったらどうするか」といった、より具体的な問い方をすれば、回答者は身構えてしまって建前的な回答をするかもしれず、「気になること（なったこと）」と問うほうが、回答者は、あまり身構えることなく本音で回答するのではないかと推察されるのです。そうであれば、「反排除意識」をとらえるうえで、結婚に関して具体的な態度を問わなくとも、同和地区出身であることが「気になること（なったこと）」かどうかを問うても、さほど違わないかもしれません。この点については、今後のさらなる検討課題です。

⑦　これまでの分析結果をふまえて、同和問題に関する今後の人権啓発や人権学習の課題がみえてきたといえます。

　　「部落差別学習の経験」を封じる手立てを講じること、そして、「部落差別の社会化」における賛同や容認を抑止することが課題といえます。

しかし、部落差別学習を経験させないということは、部落差別について何も教えないという「寝た子を起こすな」を意味するものではありません。部落差別の歴史、部落差別の実態、差別のメカニズム、人権尊重の意味、部落差別を解消する取り組みなどについて学習することは、人権学習の一環として、差別の理不尽さを学習し、いかなる差別も許さないという人権意識を育むうえで重要であることはいうまでもありません。

⑧　第Ⅲ章から第Ⅵ章における分析をとおして、第Ⅰ章、第Ⅱ章で紹介した尺度や知見のなかで、同じ尺度を構成することになったり、追証できたという知見が少なくありません。追証できた知見については、第Ⅲ章から第Ⅵ章で得られた知見の末尾に第Ⅰ章、第Ⅱ章の知見番号を追記しています。追証できた知見は、知見としての信頼性がそれだけ高くなったと評価できます。

VII

さまざまな人権意識の構造を探る
「三田市 2020 年調査」より

　2020 年に三田市において「三田市人権と共生に関する意識調査」（以下、「三田市 2020 年調査」と略す）が実施されました。私は、調査票の作成、集計、分析、報告書の作成にかかわらせていただくことができました。三田市 2020 年調査では、共生社会をめざす当市における課題を明らかにすることを意図して、市民のさまざまな人権意識、および、部落差別のみならず、多元的な人権課題に関する意識をとらえることが大きなねらいとなりました。そのため、人権に関するさまざまな設問が用意されました。

　全体の分析としては、①さまざまな人権意識を測る尺度と多元的な人権課題ごとに人権意識を測る尺度を構成し、②さまざまな人権意識相互の関連や多元的な人権課題に関する意識相互の関連をとらえること、そして、③人権学習や人権啓発の効果と課題を確認することに主眼をおきました。

　本章では、さまざまな人権意識を測る多種の尺度と、それらの尺度によって測定されるさまざまな人権意識相互の関連について得られた知見を紹介します。

1　さまざまな人権意識尺度

　さまざまな人権意識や多元的な人権課題に関する意識を測定するために作成した尺度は以下のとおりです。

　以下の尺度のなかで、＊印を付している尺度は、尺度としての一定の有効性が確認できたと評価されるものです。＊印を付していない尺度については、尺度としての有効性を高めるためには、設問についてさらなる検討

が必要といえます。

　のみならず、いずれの尺度についても、今後、実際に使ってみたり、ほかの自治体で実施される人権意識調査のデータによって尺度化を試みたりすることによって、同様の結果になるかどうかを検討しながら、尺度としての信頼性を高めることが必要です。

〈人権尊重理解意識〉尺度＊　人権尊重の意味を理解しているかどうかを
　測る尺度
・だれもが最低限の生活が保障されること
・だれもが差別されることなく生きやすいこと
・人とのちがいが大切にされること
・個人としての自由な生き方が尊重されること

〈被差別者理解意識〉尺度　差別されている人びとの立場を理解しようとという意識の程度を測る尺度
・差別の原因は、差別をされる人の側にもある（逆）
・差別、差別と騒ぎすぎるので、かえって差別はなくならないと思う（逆）
・差別をされた人のくやしさを分からなくても仕方ない（逆）

〈差別非許容意識〉尺度　差別を許すことができず、なんとかしたいという意識の程度を測る尺度
・差別発言を耳にした場合、やめるように注意したい
・人権学習に参加したいと思う

〈子の結婚・子の意思尊重意識〉尺度＊　子どもの結婚に際して、反排除意識の程度を測る尺度
　子の結婚において、選択肢（とその点数）を「結婚を認めない」１点、「周囲の反対があれば結婚を認めない」２点、「わからない」３点、「子どもの意思を尊重する」４点とする。

・本人または家族に障害のある人
・被差別部落出身の人
・刑を終えて出所した人またはその家族
・外国籍・他民族の人

〈自分の結婚・親戚説得意識〉尺度＊　自分の結婚に際して、反排除意識
　の程度を測る尺度
　自分の結婚において、選択肢（とその点数）を「結婚を諦める」1点、「わ
からない」2点、「説得はせず結婚する」3点、「親戚を説得する」4点とする。
・本人または家族に障害のある人
・被差別部落出身の人
・刑を終えて出所した人またはその家族
・外国籍・他民族の人

〈コメント〉　子どもの結婚相手にせよ、自分の結婚相手にせよ、「外国籍・
他民族の人」「本人または家族に障害のある人」「被差別部落出身の人」「刑
を終えて出所した人またはその家族」について排除する人は、ほかの条件
のいずれも排除する傾向にあると解釈されます。また、上記の「子の結婚・
子の意思尊重意識」と「自分の結婚・親戚説得意識」とは高い相関がある
ことから、今後の調査ではいずれか一方のみでよいと考えます。

〈寝た子を起こすな否定意識〉尺度＊　そっとしておけば部落差別はなく
　なるという考えを否定する意識を測る尺度
・そっとしておけば部落差別はなくなる（逆）
・部落差別について学習するから差別はなくならない（逆）
・部落差別をなくすために啓発活動に力を入れるべきだ

〈部落忌避反対意識〉尺度　被差別部落を避けることに反対する意識を測
　る尺度

・今後も部落差別はなくならないと思う（逆）
・引っ越しをする場合、差別を受けてきた地域かどうか気になる（逆）

〈障害者包摂意識〉尺度＊　障害のある人びとが地域のなかでともに生活
　することを支持する意識を測る尺度
・障害のある人にはかかわりたくない（逆）
・近所に障害者施設が建つのはいやだ（逆）
・障害のある人が地域で暮らせるようにサポートすることが望ましい
・身近に住む障害のある人が虐待を受けている疑いがあると感じたら、通
　報することが望ましい
・障害のある人をじろじろとみたり、避けたりすることは望ましくない

〈コメント〉　当初あった「出生前診断は『命の選択』につながるから避け
るべきだ」という項目は、因子分析の過程で一義的でないと判断し、分析
から省きました。この項目は障害のある人についての考え方を測る指標と
しては妥当とはいえないと解されます。

〈外国籍包摂意識〉尺度＊　外国籍の人びとを地域住民として受け入れる
　ことを支持する意識を測る尺度
・近所に外国籍の人が多く住んでいると治安が心配である（逆）
・外国籍という理由でアパートを貸してもらえないのは仕方がない（逆）

〈外国籍尊重意識〉尺度　外国籍の人びとの多様性を尊重する意識を測る
　尺度
・外国籍の人の国の歴史や文化を尊重すべきだ
・職場に外国籍の人が増えるのは好ましいと思う
・外国籍の人が差別的な言葉や行動を受けることは許せない

〈コメント〉　外国籍の人びとの人権として「外国籍包摂意識」と「外国籍

尊重意識」の2つの尺度に分かれたのですが、「外国籍包摂意識」は、地域住民として受け入れることを支持する意識であり、「外国籍尊重意識」は、一般論としての意識といえそうです。

〈子ども尊重意識〉尺度＊　大人が子どもの人権を尊重する意識を測る尺度
・教師が、子どもを指導するために体罰を加えることも必要だ（逆）
・親が、子どものしつけのために体罰を加えるのは仕方ない（逆）
・不登校は本人の甘えも関係しているのではないかと思う（逆）
・いじめは、いじめを受ける側にも問題があるのではないかと思う（逆）

〈子ども理解意識〉尺度　大人が、子どもの声に耳を傾け、子どもの思いに寄り添おうとする意識を測る尺度
・大人はもっと子どもの意見に耳を傾けるべきだ
・地域の居場所づくりの取り組みに参加したい
・子どもの前で、父親が母親（または、母親が父親）に暴力を振るったり暴言を吐いたりすることは子どもへの虐待である

〈コメント〉　子どもの人権に関して「子ども尊重意識」と「子ども理解意識」の2つの尺度に分かれました。「子ども尊重意識」は、大人が子どもを人権を有する存在として尊重する意識であり、「子ども理解意識」は、子どもを保護する立場にある大人として、子どもの健全育成を支える必要があるとの意識といえそうです。

〈男性優位否定意識〉尺度＊　男性優位社会を認めない意識を測る尺度
・女性は結婚するとき、男性の姓を名乗るほうがよい（逆）
・女性は男性を立てるべきだ（逆）
・母親は子どもが3才ぐらいまでは育児に専念することが望ましい（逆）
・女性が「土俵に上がれない」「祭りのみこしに乗れない、担げない」な

144

ど女人禁制のしきたりがあるが、伝統として尊重すべきだ（逆）

〈男女参画支持意識〉尺度　女性の社会的な活躍を望ましいと考える意識
　を測る尺度
・昇給・昇進など、職場で男女の処遇に違いがあるのは問題だ
・ドメスティック・バイオレンス（DV）は振るう側にこそ問題がある
・男性も積極的に育児休業をとるべきだ

〈DV 理解意識〉尺度　DV に関する正しい知識の有無を測る尺度
・知り合いの女性から夫の DV について相談を受けた場合、ふたりできち
　んと話し合いをするように忠告したい（逆）

〈コメント〉　女性の人権に関して「男性優位否定意識」「男女参画支持意
識」「DV 理解意識」に分かれたことは重要であると考えます。現行の夫
婦同姓制度も、子どもが 3 歳ぐらいまでは母親が育児に専念するのが望ま
しいという、いわゆる“三歳児神話”も、“伝統”の名のもとに女性を排除
する文化も、いずれも男性優位社会を存続するための文化的装置であるこ
とが示唆される結果といえます。女性活躍推進の施策も重要ですが、男性
優位社会を、実質的に男女平等社会に移行させる施策が重要といえます。

〈高齢者包摂意識〉尺度＊　だれもが高齢になっても地域社会のなかでと
　もに生活しつづけることを支持する意識を測る尺度
・高齢者が能力を発揮できるように就労や社会活動の機会を増やすべきだ
・高齢者は人生の先輩として尊敬されるのが望ましい
・地域の高齢者の方々と積極的に交流していきたい
・高齢になっても高齢者施設であれ、住み慣れた地域であれ、生活すると
　ころを自分で選べることが望ましい

〈高齢者支援意識〉尺度＊　高齢者への十分な支援の必要性を支持する意

　識を測る尺度
・高齢者に対する法的支援・医療支援は不十分だと思う
・高齢者に対する公的な（経済的）保障は十分だと思う（逆）

〈コメント〉「高齢者支援意識」の尺度については、回答者のほとんどが支持をしていることから、尺度として用をなさないといえます。

〈多様な性尊重意識〉尺度＊　多様な性的指向・性別不合の人びとを尊重する意識を測る尺度
・三田市の同性パートナーシップ宣誓制度は、賛成（理解できる）である
・同性婚を認めても良いと思う
・職場に同性愛者の同僚・上司がいても問題ないと思う
・家族から同性愛者とカミングアウトされたら受け入れられない（逆）
・家族から性別不合とカミングアウトされたら受け入れられない（逆）
・トランスジェンダーの人も困らないようにトイレの施設整備や配慮をしていくのが望ましい

〈犯罪被害者尊重意識〉尺度＊　犯罪被害者とその家族のプライバシーを尊重する意識を測る尺度
・犯罪被害者の方やその家族への過剰な取材や報道は制限すべきだ
・犯罪被害者の方やその家族のことを好奇な目でみてしまうのは好ましくない

　上記の 19 種の人権意識のなかで、尺度として用をなさない「高齢者支援意識」を除く 18 種の人権意識尺度の選択肢はいずれも 4 択であり、「そう思う」4 点、「どちらかと言えばそう思う」3 点、「どちらかと言えばそうは思わない」2 点、「そうは思わない」1 点と点数化して、項目への回答の平均値を人権意識尺度としています。
　表Ⅶ-1 は、18 種の人権意識について、回答者の平均値を求めたものです。

すべての尺度の作成方法が共通であることから、単純な比較にすぎないのですが、18種の人権意識のなかで、市民全体として比較的人権意識が高いと評価できる人権意識と、さらに人権学習や人権啓発に力を注ぐ必要のある人権意識が浮き彫りになってきたと解することができます。

比較的人権意識が高いのは、「人権尊重理解意識」3.6、「犯罪被害者尊重意識」3.6です。

他方、人権意識が低いのは、「差別非許容意識」2.6、「寝た子を起こすな否定意識」2.8、「部落忌避反対意識」2.8、「男性優位否定意識」2.8です。

表VII-1　さまざまな人権意識の平均値

人権意識		人権理解意識	被差別者理解意識	差別非許容意識	子の意思尊重意識	親戚説得意識	寝た子を起こすな否定意識	部落忌避反対意識	障害者包摂意識	外国籍包摂意識
合計	平均値	**3.6**	**2.9**	**2.6**	**3.4**	**3.0**	**2.8**	**2.8**	**3.4**	**3.0**
	度数	1366	1359	1363	1372	1366	1339	1356	1363	1364
	標準偏差	0.48	0.63	0.63	0.60	0.80	0.75	0.77	0.45	0.74

人権意識		外国籍尊重意識	子ども尊重意識	子ども理解意識	男性優位否定意識	男女参画支持意識	DV理解意識	高齢者包摂意識	多様な性尊重意識	犯罪被害者尊重意識
合計	平均値	**3.2**	**3.0**	**3.1**	**2.8**	**3.3**	**2.9**	**3.2**	**3.1**	**3.6**
	度数	1344	1363	1354	1351	1353	1364	1355	1325	1356
	標準偏差	0.56	0.66	0.52	0.64	0.55	0.98	0.49	0.66	0.54

〈コメント〉　基本的属性との関連について、知見の一部を紹介しましょう。

「子の意思尊重意識」と「犯罪被害者尊重意識」を除いた16の人権意識において、年齢と人権意識に関連がありました。総じて、年齢が低いほど人権意識が高い傾向にあるといえます。おそらく60歳代以上は、公教育において同和問題学習や人権学習を経験していない世代と推察されます。年齢が低いほど人権意識が高くなっているのは、学校教育をはじめとする人権学習や人権啓発の成果と評価できるかもしれません。

ただ、詳細にみると、「男性優位否定意識」は、20歳代よりも10歳代において数値が低くなっています。また、「DV理解意識」も、30歳代、40歳代よりも20歳代、さらに10歳代において数値が低くなっています。若い世代におけるジェンダー平等教育の必要性と重要性が示唆されます。

〈尺度を構成するための因子分析についてお知りになりたい方へ〉

以下では、上記の尺度を構成するために行った因子分析の結果を紹介します。

1-1 「人権が尊重されている」ことの理解について

表Ⅶ-2 は、「人権が尊重されている」ことの理解に関する 6 項目について、因子分析を行った結果です。

表Ⅶ-2　「人権が尊重されている」ことの理解・因子分析

「人権が尊重されている」ことの理解	第1因子	共通性
2 だれもが最低限の生活が保障されること	**0.642**	0.412
3 だれもが差別されることなく生きやすいこと	**0.628**	0.394
6 人とのちがいが大切にされること	**0.625**	0.391
5 個人としての自由な生き方が尊重されること	**0.605**	0.366
因子寄与率	39.1%	
因子累積寄与率	39.1%	
クロンバックの信頼性係数	0.719	
因子解釈	**人権尊重理解**	

因子抽出法: 主因子法　バリマックス回転

第 1 因子に 4 つの項目が高い因子負荷量を示して収斂しました。そこで、これらの変数に共通する因子は、人権尊重の意味を理解しているかどうかを示すものと解釈し、「**人権尊重理解**」因子と名づけました。クロンバックの信頼性係数は 0.719 であり、尺度を作成するうえで問題ないと判断できます。

選択肢において、「そう思う」4 点、「どちらかと言えばそう思う」3 点、「どちらかと言えばそうは思わない」2 点、「そうは思わない」1 点と点数化し、4 変数への回答の平均値を「**人権尊重理解意識**」尺度とします。以下の尺度についても、同様に順序尺度としています。

〈コメント〉　当初、「周りの人から思いやりや優しさをかけられること」という項目もあったのですが、分析の過程で省くことになりまし

148

た。思いやりや優しさは「人権」尊重とは別の観念であると解されます。また、「競争による勝ち負けがまったくなく、みんな同じ評価がされること」という項目も省くことになりました。実は、設問としては適切とはいえないのです。というのは、この設問には、「競争による勝ち負けがまったくないこと」の賛否と「みんな同じ評価がされること」の賛否という2種の論点が含まれているからであり、社会調査法でいうところの「ダブルバーレル質問」であって、回答者が判断に困ることから望ましくない設問といえます。調査票の作成段階で気づくべきでした。

1-2 人権全般についての考え方

人権全般について問う9項目の設問について因子分析を行います。

因子分析を行うに先立って、9変数について選択肢を点数化し、さらに、人権意識が高くなるほど点数が高くなるように選択肢を変更します。

「人権学習に参加したいと思う」「自分も気づかないうちに、人を差別してしまうかもしれない」「公共交通機関で、高齢者、障害のある人、妊娠している人、乳幼児連れの人、体調不良の人等に席を譲るようにしている」「差別発言を耳にした場合、やめるように注意したい」「ひとり親家族も多様な家族形態の一つであると思う」については、「そう思う」4点、「どちらかと言えばそう思う」3点、「どちらかと言えばそうは思わない」2点、「そうは思わない」1点とします。

表Ⅶ-3は、因子分析の最終的な結果であり、2因子が析出されました。

第1因子には、3変数が高い因子負荷量を示しており、3変数の意味を解釈して、「被差別者理解意識」因子と名づけました。

第2因子には、2変数が高い因子負荷量を示しており、これら2変数の意味を解釈して、「差別非許容意識」因子と名づけました。

　差別される人びとのつらさを理解するという「被差別者理解意識」
と、どんな差別も許さないという「差別非許容意識」とが別の因子と
なりました。

表Ⅶ-3　人権全般についての考え方

人権全般についての考え方	第1因子	第2因子	共通性
1 差別の原因は、差別をされる人の側にもある(逆)	**0.568**	0.109	0.335
5 差別、差別と騒ぎすぎるので、かえって差別はなくならないと思う(逆)	**0.521**	0.075	0.277
7 差別をされた人のくやしさを分からなくても仕方ない(逆)	**0.374**	0.234	0.195
6 差別発言を耳にした場合、やめるように注意したい	0.062	**0.745**	0.559
2 人権学習に参加したいと思う	0.173	**0.359**	0.159
因子寄与率	15.4%	15.1%	
因子累積寄与率	15.4%	30.5%	
クロンバックの信頼性係数	0.506	0.436	
因子解釈	被差別者理解意識	差別非許容意識	

因子抽出法: 主因子法　　回転法: Kaiser の正規化を伴うバリマックス法

　クロンバックの信頼性係数は、「被差別者理解意識」因子 0.506、「差
別非許容意識」因子 0.436 と、どちらも高いとはいえず、尺度として
の有効性を判断するうえでは十分とはいえません。ただし、今回は、
尺度としては再検討が必要であることを確認したうえで、因子分析の
結果を用いて「被差別者理解意識」尺度、「差別非許容意識」尺度と
します。

1-3　結婚についての考え方

　子どもの結婚相手として認めるかどうかを問う設問への回答をもと
に因子分析を行い、尺度を構成します。因子分析を行うにあたって、
各変数を、人権意識の低いほうから高いほうへ 1 から 4 の順序尺度
とするために、選択肢を「結婚を認めない」1 点、「周囲の反対があ
れば結婚を認めない」2 点、「わからない」3 点、「子どもの意思を尊

重する」4点とします。

表Ⅶ-4 は、因子分析の結果です。

表Ⅶ-4　子どもの結婚について・因子分析		
子どもの結婚について	**第1因子**	共通性
1.2 本人または家族に障害のある人	**0.741**	0.550
1.3 被差別部落出身の人	**0.658**	0.433
1.4 刑を終えて出所した人またはその家族	**0.591**	0.349
1.1 外国籍・他民族の人	**0.566**	0.321
寄与率	41.3%	
累積寄与率	41.3%	
クロンバックの信頼性係数	0.719	
因子解釈	**子の結婚・子の意思尊重**	

因子抽出法: 最尤法

　因子分析の結果、1因子に収斂し、「子の結婚・子の意思尊重」を意味する因子と解することができます。クロンバックの信頼性係数は0.719であり、尺度を構成するうえで問題ないと判断できます。4変数への回答結果から平均値を「子の結婚・子の意思尊重意識」尺度とします。

　次に、自分の結婚相手として認めるかどうかを問う設問への回答をもとに、因子分析により尺度を構成します。

　因子分析をするにあたっては、選択肢を、人権意識の低いほうから高いほうへ1から4の順序尺度となるように並び替え、「結婚を諦める」1点、「わからない」2点、「説得はせず結婚する」3点、「親戚を説得する」4点とします。

　表Ⅶ-5 は、因子分析の結果です。

　因子分析の結果、1因子に収斂し、「自分の結婚・親戚説得」に関する因子と解釈することができます。クロンバックの信頼性係数は0.818と高く、尺度を構成するうえで問題ないと判断できます。4変数への回答の平均値を「自分の結婚・親戚説得意識」尺度とします。

表Ⅶ-5　自分の結婚について・因子分析

自分の結婚について	第1因子	共通性
2.2 本人または家族に障害のある人	0.829	0.687
2.3 被差別部落出身の人	0.789	0.622
2.1 外国籍・他民族の人	0.718	0.516
2.4 刑を終えて出所した人またはその家族	0.599	0.359
寄与率	54.6%	
累積寄与率	54.6%	
クロンバックの信頼性係数	0.818	
因子解釈	**自分の結婚・親戚説得**	

1-4 「部落差別」に関する考え方

　「部落差別」に関する考え方を問う7変数への回答をもとに因子分析を行い、尺度を構成します。

　因子分析を行うにあたって、すべての変数について、点数が高いほど人権意識が高くなるように選択肢を並び替えるため、「差別を受けてきた地域の人びとには、なんら差別される理由はない」「部落差別をなくすために啓発活動に力を入れるべきだ」は、選択肢を逆にして、「そうは思わない」1点、「どちらかと言えばそうは思わない」2点、「どちらかと言えばそう思う」3点、「そう思う」4点とします。差別意識が低い意識と解釈される変数には（逆）を付しています。

　表Ⅶ-6（次頁）は、7変数について因子分析を行った結果であり、2因子が析出されました。

　第1因子には、3変数が高い因子負荷量を示しており、これらの変数は「寝た子を起こすな否定意識」因子と解釈できます。第2因子には、2変数が高い因子負荷量を示しており、「部落忌避反対意識」因子と名づけることにします。

　「寝た子を起こすな否定意識」と「部落忌避反対意識」とが別の因子となったことを押さえておきます。

表Ⅶ-6　部落差別についての考え方・因子分析

部落差別についての考え方	第1因子	第2因子	共通性
1 そっとしておけば部落差別はなくなる(逆)	**0.765**	-0.089	0.593
4 部落差別について学習するから差別はなくならない(逆)	**0.679**	0.282	0.540
6 部落差別をなくすために啓発活動に力を入れるべきだ	**0.536**	-0.074	0.293
5 今後も部落差別はなくならないと思う(逆)	-0.101	**0.718**	0.526
2 引っ越しをする場合、差別を受けてきた地域かどうか気になる(逆)	0.049	**0.367**	0.137
因子寄与率	26.9%	14.9%	
因子累積寄与率	26.9%	41.8%	
クロンバックの信頼性係数	0.684	0.404	
因子解釈	寝た子を起こすな否定意識	部落忌避反対意識	

因子抽出法: 主因子法　回転法: Kaiser の正規化を伴うバリマックス法

　尺度を構成するにあたり、クロンバックの信頼性係数を求めたところ、「寝た子を起こすな否定意識」は 0.684 と比較的高い数値であるが、「部落忌避反対意識」は 0.404 であって、尺度化において十分に高いとはいえず、今後の検討課題といえます。

　「寝た子を起こすな否定意識」尺度、「部落忌避反対意識」尺度としておきます。

1-5 「障害のある人の人権」に関する考え方

　表Ⅶ-7 は、「障害のある人の人権」に関する意識である 7 変数についての因子分析の結果です。

　因子分析を行うにあたって、変数を、人権意識の低いほうから高いほうへ 1 から 4 となるように、選択肢の順序を変更します。「身近に住む障害のある人が虐待を受けている疑いがあると感じたら通報することが望ましい」「障害のある人が地域で暮らせるようにサポートすることが望ましい」「出生前診断は『命の選別』につながるから避け

るべきだ」「障害のある人をじろじろみたり、避けたりすることは望ましくない」については、選択肢を反対にし、「そうは思わない」1点、「どちらかと言えばそうは思わない」2点、「どちらかと言えばそう思う」3点、「そう思う」4点とします。

　人権意識が低いと解釈される変数には、（逆）の文字を付しています。

表Ⅶ-7　障害者差別についての考え方・因子分析

障害者差別についての考え方	第1因子	共通性
2　障害のある人にはかかわりたくない（逆）	**0.668**	0.447
3　近所に障害者施設が建つのはいやだ（逆）	**0.620**	0.384
4　障害のある人が地域で暮らせるようにサポートすることが望ましい	**0.492**	0.242
1　身近に住む障害のある人が虐待を受けている疑いがあると感じたら通報することが望ましい	**0.434**	0.188
6　障害のある人をじろじろとみたり、避けたりすることは望ましくない	**0.403**	0.162
因子寄与率	28.5%	
クロンバックの信頼性係数	0.654	
因子解釈	**障害者包摂意識**	

因子抽出法: 主因子法

　第1因子に5変数が高い因子負荷量を示しており、「障害者包摂意識」因子と名づけます。クロンバックの信頼性係数は0.654であり、これら5変数によって尺度を構成することに問題ないと判断されます。

　これら5変数への回答の点数の平均値を「障害者包摂意識」尺度とします。

1-6　「外国籍の人の人権」に関する考え方

　表Ⅶ-8（次頁）は、外国籍の人の人権意識に関する8変数について因子分析を行った結果です。

　因子分析を行うにあたって、人権意識が低いほど点数が低く、高いほど点数が高くなるように選択肢を並び替えます。

154

「外国籍の人が差別的な言葉や行動を受けることは許せない」「職場に外国籍の人が増えるのは好ましいと思う」「外国籍の人の国の歴史や文化を尊重すべきだ」については、「そうは思わない」1点、「どちらかと言えばそうは思わない」2点、「どちらかと言えばそう思う」3点、「そう思う」4点とします。また、人権意識の低さを示す変数には、変数の後ろに（逆）を付しています。

表Ⅶ-8　外国籍の人の人権に関する考え方・因子分析

外国籍の人の人権に関する考え方	第1因子	第2因子	共通性
1 近所に外国籍の人が多く住んでいると治安が心配である(逆)	**0.793**	0.146	0.650
2 外国籍という理由でアパートを貸してもらえないのは仕方がない（逆）	**0.659**	0.316	0.534
7 外国籍の人の国の歴史や文化を尊重すべきだ	0.145	**0.537**	0.309
4 職場に外国籍の人が増えるのは好ましいと思う	0.287	**0.513**	0.345
3 外国籍の人が差別的な言葉や行動を受けることは許せない	0.106	**0.502**	0.263
因子寄与率	23.6%	18.5%	
因子累積寄与率	23.6%	42.0%	
クロンバックの信頼性係数	0.715	0.558	
因子解釈	**外国籍包摂意識**	**外国籍尊重意識**	

因子抽出法: 主因子法　回転法: Kaiser の正規化を伴うバリマックス法

因子分析の結果、第1因子には、2変数が高い因子負荷量を示しており、「外国籍包摂意識」因子とします。第2因子には、3変数が高い因子負荷量を示しており、「外国籍尊重意識」因子と名づけます。

「外国籍包摂意識」と「外国籍尊重意識」とが別の因子になったことを押さえておきます。

クロンバックの信頼性係数は、「外国籍包摂意識」因子は0.715であり、尺度化において問題ないと判断できます。「外国籍尊重意識」因子は0.558で十分に高いとはいえませんが、このまま尺度化に用いることとします。「外国籍包摂意識」尺度と「外国籍尊重意識」尺度

です。

1-7　「子どもの人権」に関する考え方

　表Ⅶ-9 は、「子どもの人権」に関する考え方を問う 8 変数について
因子分析を行った結果です。

表Ⅶ-9　子どもの人権に関する考え方・因子分析

子どもの人権に関する考え方	第1因子	第2因子	共通性
3　教師が、子どもを指導するために体罰を加えることも必要だ（逆）	**0.756**	0.199	0.617
2　親が、子どものしつけのために体罰を加えるのは仕方ない（逆）	**0.686**	0.252	0.530
4　不登校は本人の甘えも関係しているのではないかと思う（逆）	**0.556**	0.09	0.315
1　いじめは、いじめを受ける側にも問題があるのではないかと思う（逆）	**0.473**	0.036	0.224
6　大人はもっと子どもの意見に耳を傾けるべきだ	0.051	**0.682**	0.452
5　地域の居場所づくりの取り組みに参加したい	0.086	**0.439**	0.208
7　子どもの前で、父親が母親（または、母親が父親）に暴力を振るったり暴言を吐いたりすることは子どもへの虐待である	0.149	**0.373**	0.161
因子寄与率	23.0%	13.0%	
因子累積寄与率	23.0%	36.0%	
クロンバックの信頼性係数	0.727	0.486	
因子解釈	**子ども尊重意識**	**子ども理解意識**	

因子抽出法: 主因子法　回転法: Kaiser の正規化を伴うバリマックス法

　因子分析に先立って、人権意識の低い考えほど点数が低くなるよう
に、選択肢を並び替えます。「地域の居場所づくり（子ども食堂など）
の取り組みに参加したい」「大人はもっと子どもの意見に耳を傾ける
べきだ」「子どもの前で、父親が母親（または、母親が父親）に暴力を
振るったり暴言を吐いたりすることは子どもへの虐待である」につい
ては、「そうは思わない」1 点、「どちらかと言えばそうは思わない」2
点、「どちらかと言えばそう思う」3 点、「そう思う」4 点と変換します。

人権意識が低いと考えられる変数の後ろに（逆）を付しています。

　因子分析の結果、第1因子に4変数が高い因子負荷量を示しており、「子ども尊重意識」因子と名づけます。第2因子には3変数が高い因子負荷量を示していることから、「子ども理解意識」因子と名づけることにします。

　「子ども尊重意識」と「子ども理解意識」とが別の因子となったことを押さえておきます。クロンバックの信頼性係数は、「子ども尊重意識」因子は 0.727 であって、尺度を構成するうえで問題ないと判断できます。「子ども理解意識」因子は 0.486 と低いのですが、このまま尺度化します。「子ども尊重意識」尺度と「子ども理解意識」尺度です。

1-8 「女性の人権」に関する考え方

　表Ⅶ-10 は、「女性の人権」に関する考え方をとらえる9変数について因子分析を行った結果です。

　因子分析に先立って、人権意識が低いほど点数が低くなるようにするために、選択肢を並び替えます。「昇給・昇進など、職場で男女の処遇に違いがあるのは問題だ」「ドメスティック・バイオレンス（DV）は振るう側にこそ問題がある」「男性も積極的に育児休業をとるべきだ」については、「そうは思わない」1点、「どちらかと言えばそうは思わない」2点、「どちらかと言えばそう思う」3点、「そう思う」4点と変換します。人権意識が低いと解釈される変数の後ろに（逆）を付します。

　第1因子には、4変数が高い因子負荷量を示しており、「男性優位否定意識」因子と名づけます。第2因子には、3変数が高い因子負荷量を示しており、「男女参画支持意識」因子と名づけます。そして、第3因子は、1変数のみが高い因子負荷量を示しています。DV 夫と被害者の妻が話し合うように忠告することはあってはならないことで

あることから、逆の考えを「DV 理解意識」因子と名づけます。

　「男性優位否定意識」「男女参画支持意識」「DV 理解意識」が別の因子となったことを押さえておきます。

表Ⅶ-10　女性の人権に関する考え方・因子分析

女性の人権に関する考え方	第1因子	第2因子	第3因子	共通性
8 女性は結婚する時、男性の姓を名乗るほうがよい（逆）	**0.603**	0.152	0.121	0.402
1 女性は男性を立てるべきだ（逆）	**0.584**	0.215	0.208	0.431
2 母親は子どもが3才ぐらいまでは育児に専念することが望ましい（逆）	**0.515**	0.028	0.18	0.298
7 女性が「土俵に上がれない」「祭りのみこしに乗れない、担げない」など女人禁制のしきたりがあるが、伝統として尊重すべきだ（逆）	**0.403**	0.051	-0.05	0.168
3 昇給・昇進など、職場で男女の処遇に違いがあるのは問題だ	0.261	**0.563**	0.028	0.385
4 ドメスティック・バイオレンス（DV）は振るう側にこそ問題がある	-0.065	**0.441**	0.135	0.217
6 男性も積極的に育児休業をとるべきだ	0.273	**0.435**	-0.152	0.287
5 知り合いの女性から夫のDVについて相談を受けた場合、ふたりできちんと話し合いをするように忠告したい（逆）	0.151	0.05	**0.573**	0.354
因子寄与率	16.3%	9.7%	5.8%	
因子累積寄与率	16.3%	26.0%	31.8%	
クロンバックの信頼性係数	0.624	0.483		
因子解釈	男性優位否定意識	男女参画支持意識	DV理解意識	

因子抽出法: 主因子法　回転法: Kaiser の正規化を伴うバリマックス法

　クロンバックの信頼性係数は、「男性優位否定意識」因子は 0.624、「男女参画支持意識」因子は 0.483 です。「男女参画支持意識」「DV 理解意識」は尺度を構成するうえで十分ではないのですが、「男性優位否定意識」尺度、「男女参画支持意識」尺度、「DV 理解意識」尺度とします。

1-9 「高齢者の人権」に関する考え方

　表Ⅶ-11 は、「高齢者の人権」に関する考え方をとらえる 7 変数について因子分析を行った結果です。

表Ⅶ-11　高齢者の人権に関する考え方・因子分析

高齢者の人権に関する考え方	第1因子	第2因子	共通性
2　高齢者が能力を発揮できるように就労や社会活動の機会を増やすべきだ	**0.543**	0.120	0.309
5　高齢者は人生の先輩として尊敬されるのが望ましい	**0.542**	0.139	0.313
3　地域の高齢者の方々と積極的に交流していきたい	**0.539**	0.179	0.323
6　高齢になっても高齢者施設であれ、住み慣れた地域であれ、生活するところを自分で選べることが望ましい	**0.521**	0.033	0.273
4　高齢者に対する法的支援・医療支援は不十分だと思う	0.192	**0.748**	0.597
7　高齢者に対する公的な（経済的）保障は十分だと思う（逆）	0.09	**0.585**	0.350
因子寄与率	19.9%	16.1%	
因子累積寄与率	19.9%	36.1%	
クロンバックの信頼性係数	0.624	0.625	
因子解釈	**高齢者包摂意識**	**高齢者支援意識**	

因子抽出法: 主因子法　回転法: Kaiser の正規化を伴うバリマックス法

　因子分析に先立って、人権意識が低いほど点数が低くなるように、選択肢を並び替えます。「高齢者が能力を発揮できるように就労や社会活動の機会を増やすべきだ」「地域の高齢者の方々と積極的に交流していきたい」「高齢者に対する法的支援・医療支援は不十分だと思う」「高齢者は人生の先輩として尊敬されるのが望ましい」「高齢になっても高齢者施設であれ、住み慣れた地域であれ、生活するところを自分で選べることが望ましい」については、「そうは思わない」1 点、「どちらかと言えばそうは思わない」2 点、「どちらかと言えばそう思う」3 点、「そう思う」4 点と変換します。また、人権意識が低いと

解釈される変数の後ろに（逆）を付しています。

　因子分析の結果、第1因子には、4変数が高い因子負荷量を示しており、「高齢者包摂意識」因子と名づけます。第2因子には、2変数が高い因子負荷量を示しており、「高齢者支援意識」因子と名づけます。

　「高齢者包摂意識」と「高齢者支援意識」とが別の因子となったことを押さえておきます。

　クロンバックの信頼性係数については、「高齢者包摂意識」は 0.624、「高齢者支援意識」は 0.625 で、いずれも尺度化において問題ないと判断できます。

　「高齢者包摂意識」尺度、「高齢者支援意識」尺度とします。

1-10　「性的指向・性別不合」に関する考え方

　表Ⅶ-12 は、「性的指向・性的不合」に関する考え方をとらえる9変数について因子分析を行った結果です。

表Ⅶ-12　「性的指向・性別不合」に関する考え方・因子分析

「性的指向・性別不合」に関する考え方	第1因子	共通性
9　三田市の同性パートナーシップ宣誓制度は、賛成（理解できる）である	0.801	0.641
5　同性婚を認めても良いと思う	0.782	0.612
8　職場に同性愛者の同僚・上司がいても問題ないと思う	0.741	0.549
3　家族から同性愛者とカミングアウトされたら受け入れられない（逆）	0.669	0.447
7　家族から性別不合とカミングアウトされたら受け入れられない（逆）	0.662	0.439
6　トランスジェンダーの人も困らないようにトイレの施設整備や配慮をしていくのが望ましい	0.581	0.337
因子寄与率	50.4%	
因子累積寄与率	50.4%	
クロンバックの信頼性係数	0.855	
因子解釈	**多様な性尊重意識**	

因子抽出法: 主因子法　バリマックス回転法

　因子分析を行うにあたって、人権意識が低いほど点数が低くなるように、選択肢を並び替えます。「同性愛については、受け入れたいと思う」「性別不合については、受け入れたいと思う」「同性のカップルが近所に住むのは気にならない」「同性婚を認めても良いと思う」「トランスジェンダーの人も困らないようにトイレの施設整備や配慮をしていくのが望ましい」「職場に同性愛者の同僚・上司がいても問題ないと思う」「三田市の同性パートナーシップ宣誓制度は、賛成（理解できる）である」については、「そうは思わない」1点、「どちらかと言えばそうは思わない」2点、「どちらかと言えばそう思う」3点、「そう思う」4点と変換します。人権意識が低いと解釈される変数の後ろに（逆）を付しています。

　因子分析の結果、6変数が1因子に収斂し、「多様な性尊重意識」因子と名づけます。

　クロンバックの信頼性係数は0.855と高く、尺度化にあたっては問題ないと判断できます。「多様な性尊重意識」尺度とします。

1-11 「犯罪被害者の方やその家族に関する人権」に関する考え方

　表Ⅶ-13は、「犯罪被害者の方やその家族に関する人権」に関する考え方を測るために用意した4変数について因子分析を行った結果です。

　因子分析を行うにあたって、人権意識が低いほど点数が低くなるように、選択肢を並び替えます。「犯罪被害者の方やその家族のことを好奇な目でみてしまうのは好ましくない」「犯罪被害者の方やその家族への過剰な取材や報道は制限すべきだ」「犯罪被害者に対する法的支援・医療支援は不十分だと思う」の3変数については、「そうは思わない」1点、「どちらかと言えばそうは思わない」2点、「どちらかと言えばそう思う」3点、「そう思う」4点と変換します。

　因子分析の結果、2変数が1つの因子に収斂し、「犯罪被害者尊重

意識」因子と名づけました。クロンバックの信頼性係数は 0.659 であり、尺度化にあたっては問題ないと判断できます。

「犯罪被害者尊重意識」尺度とします。

表Ⅶ-13　犯罪被害者の人権に関する考え方・因子分析

犯罪被害者の人権に関する考え方	第1因子	共通性
3　犯罪被害者の方やその家族への過剰な取材や報道は制限すべきだ（逆）	0.707	0.5
2　犯罪被害者の方やその家族のことを好奇な目でみてしまうのは好ましくない（逆）	0.707	0.5
因子寄与率	50.0%	
因子累積寄与率	50.0%	
クロンバックの信頼性係数	0.659	
因子解釈	**犯罪被害者 人権尊重**	

因子抽出法: 主因子法　　バリマックス回転

2　人権意識の構造

　ここまで、さまざまな人権意識について尺度を構成しました。そこで、作成したさまざまな人権意識が相互にどのような関連にあるのかを検討しました。その作業は、「人権意識」なるものの構造を明らかにすることにもつながるものです。

　そこで、作成した 18 の人権意識を用いて、2 種の人権意識ごとに偏相関係数を求める分析を行います。偏相関係数とは、18 の人権意識のなかで、2 種ずつの人権意識の関連をみるうえで、ほかの 16 種の人権意識の影響を排してとらえられる相関係数です。

　図Ⅶ-1（次頁）は、すべての偏相関係数を求めて、それらを 1 つの図にまとめたものです。

　図Ⅶ-1 より、次のような解釈ができます。

① 　人権尊重について正確な知識をもつことを意味する「人権尊重理解意

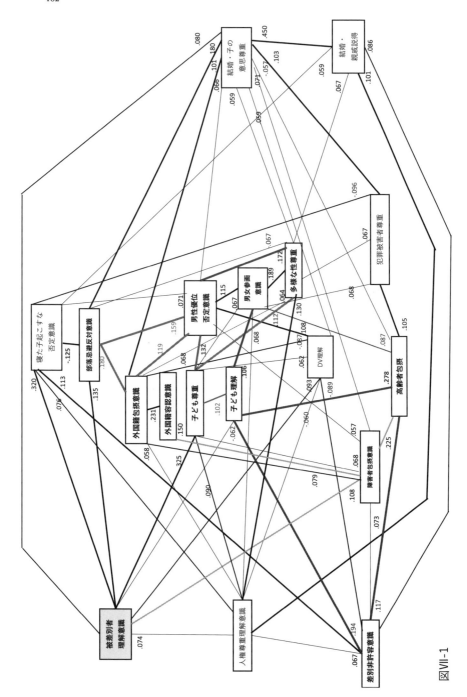

図Ⅶ-1

識」は、「寝た子を起こすな否定意識」「外国籍包摂意識」「子ども尊重意識」「男女参画支持意識」「多様な性尊重意識」「DV 理解意識」と関連する。

② 差別される人びとの思いを理解する「被差別者理解意識」は、「寝た子を起こすな否定意識」「部落忌避反対意識」「子ども尊重意識」「子ども理解意識」「DV 理解意識」と関連する。

③ 「差別非許容意識」は、「寝た子を起こすな否定意識」「子ども理解意識」「DV 理解意識」「障害者包摂意識」「高齢者包摂意識」と関連する。

④ 18 種の人権意識のなかで、相互に関連性の強い人権意識と、有意な関連のみられない人権意識がある。「部落忌避反対意識」「外国籍包摂意識」「男性優位否定意識」の間に強い関連が認められる。この結果は、部落忌避意識の強い人は外国籍の人を排除する意識も強く、また、男性優位意識も強い傾向にあると解される。

⑤ 「男性優位否定意識」「子ども尊重意識」「男女参画支持意識」「多様な性尊重意識」の間に強い関連が認められる。男性優位意識の強い人ほど、子どもの人権を軽視する傾向にあると解される。

⑥ 「障害者包摂意識」と「高齢者包摂意識」との間に強い関連が認められる。地域社会のなかで障害者も高齢者もともに生活できることを支持する意識と解される。

⑦ 子の結婚相手について、子の意識を尊重する意識は、「部落忌避否定意識」「外国籍包摂意識」「男性優位否定意識」「多様な性尊重意識」の間に強い関連が認められ、いずれも差別を否定する意識と解釈できる。

⑧ 自分の結婚相手について親戚を説得する意識は、「人権尊重理解意識」「寝た子を起こすな否定意識」「差別非許容意識」「多様な性尊重意識」と関連する。人権尊重を進める意識と解される。

⑨ 興味深い点として、「男性優位否定意識」と「子ども尊重意識」に強い関連がみられ、「男女参画支持意識」と「子ども理解意識」に強い関連がみられることである。男女差別や子ども差別を否定する差別否定意識と、男女共生と子ども共生といった共生推進意識の違いといえるかも

しれない。また、「高齢者包摂意識」に着目すると、「高齢者包摂意識」は、「子ども理解意識」や「男女参画支持意識」と関連するが、「子ども尊重意識」や「男性優位否定意識」とは直接の関連がみられず、ここでも地域社会における共生推進意識と解される。

　人権意識のなかで、優位－劣位（あるいは、差別－被差別）を否定し、すべての人びとの対等な関係を尊重する人権意識と、だれもが共生できることを尊重する人権意識を区別できるかもしれない。

⑩　互いに関連しあう人権意識が見いだされたと同時に、関連しない人権意識が見いだされたことの意味は大きい。たとえば、部落忌避反対意識や外国籍包摂意識と子ども尊重意識との間には関連がみられない。このことは、部落差別解消にむけた人権施策を進めるだけでは、子どもの人権が尊重される社会が実現するわけではないことを示唆している。

3　小　括

　今回の分析結果は、同様の調査によって今後さらに信頼性を高める必要があります。とはいえ、今回、試みたように、人権意識相互の関連をとらえることにより、今後の人権学習や人権啓発に活かすことができるものと期待されます。

　たとえば、部落問題と外国籍・他民族の人の人権課題をセットにし、ジェンダー平等の視点を必ず取り入れた学習や研修を行うことが有効であると考えられます。

　また、男性優位否定意識を高めるうえで、職場、家庭、社会全体の性別役割分業の見直しを促すような学習や研修を行うこと、その際に子どもの人権尊重の課題を組み込むことも、人権学習や研修の効果を高めるものと期待されます。

　めざすべき社会は、だれもが共に生活できて、そのなかで、すべての人の人権が尊重される社会であるといえるでしょう。

VIII

政策提言

部落差別解消にむけて

　本書のむすびとして、これまで私がかかわらせていただいた人権意識調査の分析結果をもとに、部落差別解消にむけた政策提言をさせていただきます。

　図Ⅷ-1（次頁）では、今日もなお、被差別部落を忌避したり、被差別部落出身の人びとを排除したりといった部落差別が存在するメカニズムを図示しています。

　複数の人権意識調査の分析をとおして、身近な人びとから部落差別を肯定するような言動を教えられることによる部落差別学習を経験して、賛同したり、容認したりするような社会化によって、被差別地域や被差別部落に関係する人びとに対するマイナス・イメージをいだくようになり、被差別部落やその関係者を排除したり、忌避したりするようになることがわかってきました。その後、同和問題学習を経験すると、たしかに排除意識や忌避意識は改善されるとしても、部落差別学習を経験しない人びとの水準にまで改善されることはむずかしいのです。しかも、同和問題学習によっては、部落差別の将来予測として今後も部落差別をなくすのはむずかしいとの認識をいだくことになり、被差別部落やその出身者の人びととかかわると自分も差別されるかもしれないというおそれから、排除意識や忌避意識をいだくようになるというプロセスがみえてきました。

　そのうえで、図Ⅷ-1に部落差別解消にむけて必要と考えられる人権施策を書き加えています。二重線で囲んでいる「反発」「交流による相互理解」

166

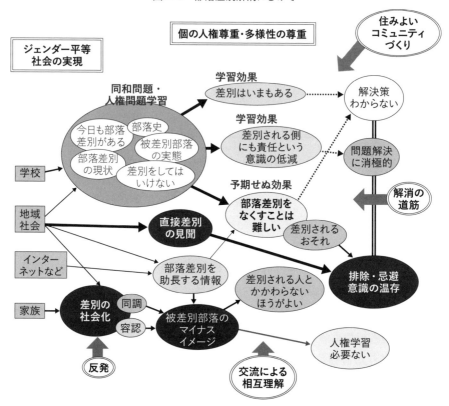

図Ⅷ-1　部落差別解消にむけて

「解消の道筋」「住みよいコミュニティづくり」「個の人権尊重・多様性の尊重」「ジェンダー平等社会の実現」です。

　まずは、部落差別を肯定するような言動をしないでほしいと強く訴えたいです。そして、身近に、だれかが部落差別をしたり、部落差別の言動をしたりするのを見聞したときに、差別することは相手を傷つけるからよくないと反発して、まわりのみんなで忠告したり、なぜ差別することはよくないのかと話し合ったりできるような人権文化を広げることが、人権学習や人権啓発の今後の重要な課題といえるでしょう。

　すでに排除意識や忌避意識を身につけてしまっている人びとについては、排除意識や忌避意識を弱める対策が必要です。排除意識、懸念意識、忌避

意識を弱めるうえで、「同和地区の友人・知人」の存在や、「差別解消・理解意識」が影響していることがわかりました。すなわち、部落差別を理解するには、差別されている人びととの交流を深めたり、差別されている人びとの話をきちんと聴いたりする必要があるということです。そのためには、排除意識や忌避意識の強い人びとが差別されている人びととかかわる機会をいかにつくっていくかが課題であるといえます。

　また、部落差別は、差別されてきた人びとと差別する可能性のある側の人びとの協力によって、近い将来、解決できるというメッセージが伝わるような学習や啓発であることが重要といえるでしょう。そして、部落差別の解決にむけて、市民の努力と協力によって近い将来になくすことができるという希望と、なくすための積極的な取り組みを広げることが期待されます。

　それでは、「部落差別の解消」とはどのような状態をイメージすればよいのか。この点については、当事者団体や個々の当事者の方々、行政関係者、そして、市民一人ひとりのアイデアを出し合いながら、将来展望を描いていくことが期待されます。

　ひとつのイメージとしては、被差別部落、および被差別部落を含む校区において、被差別部落出身の人びとと出身ではない人びととの混住が進み、だれが出身者か出身者でないかといったことが地域生活のなかでまったく問われることなく、地域全体として住みよい生活環境や人間関係が築き上げられていくような地域づくりではないかと考えます。もちろん、「被差別部落出身」というアイデンティティはどうなるのかという点についても、当事者の方々の思いを尊重することが何よりも重要であると考えます。

　ここまで、部落差別に焦点をあてて解決の方途を考えてきましたが、部落差別の解決にむけた取り組みは、ほかのさまざまな人権課題の解決のヒントにもなりそうです。すなわち、部落差別の解消は、部落差別のみの問題ではなく、外国人差別や女性差別と強い関連がみられることから、これらの人権課題とともに問題解決を図る必要があることも示唆されました。

　社会全体として、いまよりも一人ひとりの個の人権を尊重する政策や多

様性の尊重を具体化するために、多様な人びとが交流し合えるきっかけづくりを促進すること、同時に、ジェンダー平等社会の実現にむけた積極策を取ることが必要であるといえます。

　最後に一言。
　人権意識にせよ差別意識にせよ、非常に複雑な社会事象です。それだけに、単純な分析手法だけでは、人権意識や差別意識の高低にかかわる諸要因を明らかにしたり、メカニズムを解明したりすることには大きな限界があります。そのために、複雑な分析を行う必要から、尺度を構成するにあたって多変量解析の手法を用いたり、偏相関係数を求めたり、さらにはパス解析などの手法を用いたりしていますが、複雑な社会事象を解きほぐすには複雑で高度な分析手法を用いざるをえないということをご理解いただきたいと思っています。
　とはいえ、因子分析やパス解析といった多変量解析を行うには、特別の統計ソフトが必要であり、分析を行ううえでの専門的知識も必要で、だれでもが実行できるわけではありません。そのため、言葉は悪いですが、専門家を "有効活用" していただければよいと考えています。そして、信頼できる専門家に詳細な分析を任せていただき、得られた結果を人権施策に活かしていただきたいと願っています。

本書で紹介している人権意識調査一覧

・生駒市 2005『生駒市人権問題に関する市民意識調査報告書』（2004 年 5 月実施、16 歳
以上の男女 3,300 人対象、郵送法、有効回収数 1,996 件、有効回収率 60.5%）

・茨木市 2006『人権問題に関する市民意識調査報告書』（2005 年 9 月実施、外国籍を含
む 20 歳以上の市民 3,500 人対象、郵送法、有効回収数 1,435 人、有効回収率 41.3%）

・豊中市 2008『人権についての市民意識調査報告書』（2007 年 9 月実施、16 歳以上の男
女 5,000 人、郵送法、回収数 1,774 人、回収率 35.9%）
https://www.city.toyonaka.osaka.jp/jinken_gakushu/jinken/shiminishikichosa/h19_
ishikichousa.html

・三田市同和教育研究協議会 2008『三田市人権に関する市民意識調査報告書』（2007 年
7 月、20 歳以上市民 5,000 人、郵送法、回収数 1,928 人、回収率 38.6%）

・高槻市 2010『第 5 回高槻市人権意識調査報告書』（2009 年 9 月から 10 月実施、16 歳
以上市民 3,100 人、郵送法、回収数 1,605 人、回収率 52.1%）

・大阪府 2011『人権問題に関する府民意識調査報告書（基本編）』（2010 年 11 月実施、
20 歳以上の男女 2,000 人、層化二段無作為抽出法、郵送法、回収数 903 人、有効回収
率 45.6%）
https://www.pref.osaka.lg.jp/jinken/measure/ishiki22_index.html
・神原文子 2012『人権問題に関する府民意識調査報告書（分析編）』大阪府, 1-76.
https://www.pref.osaka.lg.jp/jinken/measure/ishiki23_index.html

・明石市 2011『明石市人権に関するアンケート調査報告書』（2010 年 6 月実施、18 歳以
上の市民 2,971 人対象、郵送法、有効回収数 1,237 件、有効回収率 41.6%）
・神原文子 2011「明石市民の人権意識と人権学習の課題」明石市, 1-28.

・大阪市 2011『人権問題に関する市民意識調査報告書』（2010 年 11 月実施、20 歳以上
の男女個人 2,000 人、層化二段無作為抽出法、郵送法、回収数 716 人、回収率 36.2%
https://www.city.osaka.lg.jp/shimin/page/0000190132.html
・神原文子 2011「大阪市人権意識調査」大阪市, 1-70.
https://www.city.osaka.lg.jp/shimin/page/0000190132.html

・泉南市 2013『第 4 回泉南市民人権意識調査報告書』（2012 年 11 月実施、16 歳以上の
男女 3,000 人対象、郵送法、有効回収数 1,190 件、有効回収率 39.7%）
https://www.city.sennan.lg.jp/shisei/jinken/jinken/1458795169948.html

・神原文子 2013「泉南市民の人権意識と人権学習の課題」『Ⅳ. 考察結果』115-146
https://www.city.sennan.lg.jp/ikkrwebBrowse/material/files/group/26/all-
2012kekka.pdf

・大阪市 2016『人権問題に関する市民意識調査報告書』（2015 年 9 月実施、18 歳以上の
市民 2,000 人対象、郵送法、有効回収数 743 人、有効回収率 37.2%）
https://www.city.osaka.lg.jp/shimin/page/0000332206.html
・神原文子 2016「平成 27 年度人権問題に関する市民意識調査（詳細分析）」『「平成 27
年度 人権問題に関する市民意識調査」分析報告書』大阪市, 1-27.
https://www.city.osaka.lg.jp/shimin/cmsfiles/contents/0000332/332206/bunnsekiho
ukokusyo.pdf

・三木市 2016『人権に関する市民意識調査報告書』（2016 年 11 月実施、市内在住 20 歳
以上の男女 3,000 人対象、年齢層に配慮した無作為抽出、郵送法、有効回収数 1,176 件、
有効回収率 39.2%）
・神原文子 2017「平成 28 年度三木市人権に関する市民意識調査（詳細分析）」三木市, 1-
36.

・豊岡市 2017『豊岡市人権に関する市民意識・実態調査報告書』（2016 年 7 月実施、外
国人を含む 20 歳以上の男女 2,000 人対象、層化無作為抽出法、郵送法、有効回収数
1,055 人、有効回収率 52.8%）
・神原文子 2017「平成 28 年度・豊岡市人権に関する市民意識・実態調査（詳細分析）」『豊
岡市人権に関する市民意識・実態調査報告書』豊岡市, 62-84.
https://www.city.toyooka.lg.jp/_res/projects/default_project/_page_/001/001/343/
houkokusyo.pdf

・三田市 2021『三田市人権と共生社会に関する意識調査報告書』（2020 年 6 月実施、三
田市在住の 18 歳以上の市民 3,000 人対象、年代ごとに人数を割り当て、住民基本台帳
より無作為に抽出、郵送法、有効回収数 1,420 人、有効回収率 47.3%）
https://www.city.sanda.lg.jp/material/files/group/27/honpen_75235285.pdf
・神原文子 2021「人権意識（差別意識）の測定と人権学習・啓発の課題」三田市
https://www.city.sanda.lg.jp/material/files/group/27/horon.pdf

・大阪市 2021『人権問題に関する市民意識調査』（2020 年 12 月実施、18 歳以上の市民
2,000 人対象、郵送法、有効回収数 726 人、有効回収率 36.3%）
https://www.city.osaka.lg.jp/shimin/page/0000538215.html
・神原文子 2022「大阪市民の人権意識の現状と人権施策の課題」『「令和 2 年度 人権問
題に関する市民意識調査」分析報告書』大阪市, 1-128.
https://www.city.osaka.lg.jp/shimin/cmsfiles/contents/0000538/538215/bunseki1.pdf

文　献

・神原文子 2000『教育と家族の不平等問題―被差別部落の内と外―』恒星社厚生閣

・神原文子 2008「よりよい調査のための外部探検と内部探検」「調査研究のための仮説づくり」新睦人・盛山和夫編『社会調査ゼミナール』有斐閣, 3-48

・神原文子 2011「これからの人権教育・啓発の課題は何か―近年の地方自治体における調査結果から―」『部落解放研究』193, 64-84

・神原文子 2012「大阪府民にとっての同和問題：『人権に関する府民意識調査』2005 年から 2010 年へ」『部落解放研究』195, 59-74

・神原文子・竹田美知 2016「社会化とライフコース」神原文子・杉井潤子・竹田美知『よくわかる現代家族 第 2 版』ミネルヴァ書房, 64-65

・神原文子 2020『子づれシングルの社会学―貧困・被差別・生きづらさ』晃洋書房

・笠原正嗣・関根 薫・筒井琢磨 2006「四日市市民人権意識調査 自尊感情と人権意識について」『反差別人権研究みえ』5, 55-79

・小塩真司 2020『新装版 共分散構造分析はじめの一歩―図の意味から学ぶパス解析入門』アルテ

・松尾太加志・中村知靖 2002『誰も教えてくれなかった因子分析―数式が絶対に出てこない因子分析入門』北大路書房

・内藤統也・秋川卓也 2007『文系のための SPSS 超入門』プレアデス出版

・奥田 均 2006「『心理的差別の現実』・『忌避意識』及び『積極的態度の形成要因』に関する分析」大阪府『人権問題に関する府民意識調査報告書（調査検討会委員分析）』55-78

・奥田 均 2008「人権意識調査の動向と今後のあり方（特集 人権行政を考える視点）」『部落解放研究』181, 46-61

・佐藤 裕 2002「部落問題に関する人権意識調査のあり方と『差別意識論』の課題―大阪府 2000 年調査の経験から（前編）（特集 各地の住民意識調査結果）」『部落解放研究』144, 27-37

・佐藤 裕 2002「部落問題に関する人権意識調査のあり方と『差別意識論』の課題―大阪府 2000 年調査の経験から（後編）」『部落解放研究』146, 56-69

・内田龍史 2007「レビュー／部落問題・人権問題意識調査の動向」『部落解放研究』174, 75-80

・柳井晴夫・岩坪秀一 1976『複雑さに挑む科学―多変量解析入門』講談社

172

あとがき

　人権意識調査に関する本をまとめたいという長年の思いを、ようやく実現することができました。

　実は、本書で紹介している人権意識調査だけではなく、ほかにも複数の自治体の人権意識調査にかかわらせていただいてきました。しかし、本書では紹介していません。その理由として、次のような経験をあげることができます。

①すでに人権意識調査を終えていて、調査会社による単純集計や基本的属性とのクロス集計も終えたうえで解説を求められただけの調査

②質問項目や分析方法について意見を求められただけで、実際の分析をさせていただけなかった調査

③調査を終えてから集計と分析を依頼された調査

④人権意識調査の始めからかかわって、データ分析も引き受けて、詳細な分析結果を提出したにもかかわらず、外部に公表されないままになっている調査（人権意識調査一覧に掲載している詳細分析のなかで、日の目をみていないものがあります）

　他方、さまざまな人権意識調査の実査にかかわるなかでとても貴重な経験もさせていただきました。

　たとえば、2007年に実施された「三田市人権に関する市民意識調査」では、三田市同和教育研究協議会のメンバーの方がたと一緒に、人権意識調査報告書を完成させることができました。およそ1年かけて、調査によって何を明らかにしたいのかという調査目的についてグループワークを行い、どのような質問項目が必要か、どのような質問の仕方であれば回答してもらいやすいかなどについて何度も意見交換しながら、調査票を仕上げました。データ分析においても、どの項目とどの項目との関連をみたいのかなど、分析課題についても協議会メンバーに考えていただきながら、

分析を進めました。そして、分析結果を協議会メンバーと確認し、市の人権学習や人権啓発の課題について検討したのでした。これら一連のプロセスが、協議会メンバーにとって、とても大きな学びになったと評価いただきました。

　また、大阪府 2010 年調査のときには、熱心な担当職員の方がたと何度も協議し、少しでも有意義な報告書をまとめたいとデータ分析に精を出すことができました。できれば、5 年後の大阪府 2015 年調査でも分析にかかわらせていただきたかったのですが、機会を得ることはできませんでした。とはいえ、大阪府 2015 年調査では、調査票自体が大阪府 2010 年調査と大幅に変更されたのでした。

　本文でもふれていますが、大阪市 2010 年調査は、大阪府と協力して調査が実施されたのですが、大阪府 2010 年調査の報告書がまとまってからも、大阪市 2010 年調査の分析については、市長が交代したことの影響だったのか（?）、長らく、分析が棚上げ状態になってしまっていました。しかし、報告書をまとめないわけにはいかず、しかも、年度も変わっていて、外部委託をする予算もないという事情を、当時の職員の方がたからうかがって、私は、無報酬で、データ分析と報告書の作成をお引き受けしたのでした。でも、そのおかげで（?）大阪市 2015 年調査と大阪市 2020 年調査にもかかわらせていただくことができました。

　大阪市 2020 年調査については、約 7 ヶ月かけて、人権意識における経年変化の分析と反部落差別への要因分析を行いました。A4 で 130 頁近くの分析報告書になりました。市の担当職員の方がたと、メールで、あるいは、対面で、何度も意見交換しながら、分析報告書を仕上げていきましたが、担当職員の方がたが非常に丁寧に報告書素案を読み込み、さまざまな鋭いコメントをしてくださったことで、論考を深めることができました。

　どこの自治体でもそうですが、人権意識調査報告書が完成したらおしまいではなく、そこからがスタートのはずです。まずは、教職員研修などにおいて、報告書の内容を共有していただきたいと願っています。そして、調査結果をもとに、それぞれの立場や部署で取り組むべき人権施策を考え

ていただきたいと思っています。さらにいえば、報告書を批判的に検討して、どのようなデータが足りないか、どのような分析が足りないかといった問題提起をしていただきたいと願っています。

　2022年は水平社宣言より、ちょうど100年目です。これまで、長年、部落差別について学ばせていただいてきた私が、被差別部落の方がたに報いることのできる手立ては、これまでかかわらせていただいた人権意識調査の分析をふまえて、部落差別解消にむけて手がかりとなるような知見を提示することだと意を決し、2月ごろから、少しずつ原稿の整理を始めたのでした。そして、本書については、なんとしても、解放出版社より出版していただきたいと思ったのでした。

　本書の出版を引き受けてくださいました解放出版社、そして、本書の編集に多大なご尽力をいただきました小橋一司さんに心より感謝申し上げます。

　本書が、部落差別の解消にむけて、日々、努力されておられる方がたにとりまして、多少なりともお役に立てば、とてもうれしいことです。

　また、人権学習や人権啓発に取り組んでおられる方がたに読んでいただけることを願っています。

　そして、来年以降も、人権意識調査を予定しておられる自治体に、少しでも参考にしていただければ幸いです。

　2022年　晩秋

　　　　　　　　　　　　　　　　　　　　　　　　神原 文子

神原 文子（かんばら ふみこ）

社会学者（博士）・専門社会調査士
〈プロフィール〉
京都大学大学院博士後期課程社会学専攻単位取得満期退学。
専門は、家族社会学、教育社会学、人権問題。
長年、大学教員として家族社会学や社会調査法を担当してきました。
ひとり親家族の貧困、被差別、生きづらさについて、現代家族とジェンダー不平等について、また、子どもの人権にかかわるしつけと体罰の問題についてなど、さまざまなテーマについて生活者の視点から調査研究をしてきました。そのほか、複数の自治体の「人権に関する市民意識調査」の分析に携わり、差別の要因分析にもとづく人権学習・人権啓発の課題について問題提起しています。
〈主な著書〉
『子づれシングルの社会学—貧困・被差別・生きづらさ』（2020年 晃洋書房）
『子づれシングルと子どもたち—ひとり親家庭で育つ子どもたちの生活実態』
（明石書店 2014年）
『子づれシングル—ひとり親家族の自立と社会的支援』（2010年 明石書店）
『よくわかる現代家族 第2版』（2016年 ミネルヴァ書房）共著
『教育と家族の不平等問題—被差別部落の内と外—』（2000年 恒星社厚生閣）
な480

部落差別解消への展望
人権意識調査結果から人権啓発の課題がみえた

2023年2月20日　初版第1刷発行

著者　神原文子

発行　株式会社 解放出版社
　　　大阪市港区波除4-1-37 ＨＲＣビル3階 〒552-0001
　　　電話 06-6581-8542　FAX 06-6581-8552
　　　東京事務所
　　　東京都文京区本郷1-28-36　鳳明ビル102Ａ 〒113-0033
　　　電話 03-5213-4771　FAX 03-5213-4777
　　　郵便振替 00900-4-75417　HP https://www.kaihou-s.com/

印刷　萩原印刷株式会社

障害などの理由で印刷媒体による本書のご利用が困難な方へ

　本書の内容を、点訳データ、音読データ、拡大写本データなどに複製することを認めます。ただし、営利を目的とする場合はこのかぎりではありません。

　また、本書をご購入いただいた方のうち、障害などのために本書を読めない方に、テキストデータを提供いたします。

　ご希望の方は、下記のテキストデータ引換券（コピー不可）を同封し、住所、氏名、メールアドレス、電話番号をご記入のうえ、下記までお申し込みください。メールの添付ファイルでテキストデータを送ります。

　なお、データはテキストのみで、写真などは含まれません。

　第三者への貸与、配信、ネット上での公開などは著作権法で禁止されていますのでご留意をお願いいたします。

あて先
〒552-0001 大阪市港区波除4-1-37 HRCビル3F 解放出版社
『部落差別解消への展望』テキストデータ係